Relacionamento com Filhos Adultos

RELACIONAMENTO COM
FILHOS ADULTOS

COMO MANTER SUA FAMÍLIA UNIDA E TER UM RELACIONAMENTO
SAUDÁVEL E FELIZ COM SEUS FILHOS ADULTOS

M.BOOKS DO BRASIL EDITORA LTDA.

Av. Brigadeiro Faria Lima, 1993 - 5º andar - Cj. 51
01452-001 - São Paulo - SP - Telefones: (11) 3168 8242 / 3168 9420
Fax: (11) 3079 3147 - E-mail: vendas@mbooks.com.br

Dados de Catalogação na Publicação

Peel, Kathy
Relacionamento com Filhos Adultos / Kathy Peel
2004 – São Paulo – M. Books do Brasil Editora Ltda.
1. Psicologia 2. Parenting 3. Relacionamentos

ISBN: 85-89384-50-0

Do original: Family for Life

© 2003 by Kathy Peel
© 2005 by M. Books do Brasil Editora Ltda.
Original em inglês publicado por McGraw-Hill
Todos os direitos reservados.

EDITOR: MILTON MIRA DE ASSUMPÇÃO FILHO

Produção Editorial
Salete Del Guerra

Tradução
Melissa Kassner

Revisão de Texto
Lucrécia Barros de Freitas
Vera Lúcia Ayres da Costa
Iná de Carvalho

Capa
Design: Douglas Lucas
Foto: Goodshoot

Editoração e Fotolitos
J.A.G Editoração e Artes Gráficas Ltda.

2004
1ª edição
Proibida a reprodução total ou parcial.
Os infratores serão punidos na forma da lei.
Direitos exclusivos cedidos à
M. Books do Brasil Editora Ltda.

Em memória de
Judith Louise Musgrave

Amiga, exemplo de vida, mentora. Com seu modo de levar a vida, Judy me ajudou a entender o significado de ser uma esposa adorável, boa mãe e avó divertida.

Agradecimentos

Embora só o nome da autora apareça na capa, todo livro é resultado de um enorme esforço em grupo. Sinto-me abençoada por contar com uma equipe tão maravilhosa que muito contribuiu para a realização deste livro.

Agradecimentos especiais a Nancy Hancock, editora-executiva da McGraw Hill, por me deixar escrever este livro. Obrigada também a Meg Leder, por sua assistência editorial e por se mostrar tão prestativa.

Um tributo especial à minha amiga e colega de trabalho Patti Dematteo, CEO da Ultimate Performance, que acredita na minha missão de fortalecer as famílias e de ajudar a fazer dos lares um lugar caloroso e aconchegante tanto para seus membros como para os amigos.

Por sua editoração experiente e por irem além, meus sinceros agradecimentos a Ann Matturro Gault, Holly Halverson e Maureen Connolly. E por sua assistência em pesquisa, muito obrigada a Jill Dalley, Martha Hook e Debbie Zadina.

Obrigada às muitas mães, pais, filhos adultos e terapeutas familiares que participaram das entrevistas e compartilharam suas histórias e conselhos em total anonimato.

E à minha família, que me deu um apoio incrível – meu marido, Bill, e nossos três filhos, John, Joel e James –, fico agradecida por poder escrever este livro com confiança, graças ao que vivemos e aprendemos nesses últimos 31 anos. Amo todos vocês.

Sumário

Introdução 09

Capítulo 1   Construa uma Ponte entre as Gerações 15

Capítulo 2   Prepare Bem os Filhos para o Mundo Lá Fora 36

Capítulo 3   Conserte as Cercas Quebradas e Ame de
              Maneira a Fazer Diferença 51

Capítulo 4   Seja um Construtor de Sonhos,
              Não um Destruidor 75

Capítulo 5   Mantenha a Luz da Varanda Acesa e a
              Lareira Queimando 95

Capítulo 6   Mantenha Seu Clã Unido 119

Capítulo 7   Seja um(a) Ótimo(a) Avô(ó) 143

Capítulo 8   Não Deixe de Se Cuidar 175

Capítulo 9   Isso É Que É Ser Família 196

Capítulo 10   Mamãe Portátil: A Mãe de Todos os Recursos 220

    Palavras Finais 263

    Índice Remissivo 265

Introdução

Ser pai, assim como lutar em uma guerra, é muito mais fácil no começo do que no fim.
— David Jeremiah

No filme *O Tiro Que Não Saiu pela Culatra*, o avô, de 64 anos (Jason, Robards), descreve ao seu filho de 35 (Steve Martin) a angústia que sentiu ao se dar conta de que era pai de uma criança pequena:

> Achamos que você tivesse poliomielite; durante uma semana, não tínhamos certeza de nada. Odiei passar por todo aquele medo, aquela preocupação e dor. O pior é que tudo isso não termina quando seu filho completa 18, 21 ou 61 anos. Não... Isso nunca, nunca acaba. Para os pais não existe *end zone*[1]. Você nunca cruza a linha do gol, joga a bola no chão e dança para comemorar seu *touchdown. Nunca.*

Quando meu marido, Bill, e eu nos tornamos pais pela primeira vez, quase 21 anos atrás, pensamos ingenuamente que, após alguns anos de treinamento no peniquinho, muitos Band-Aids, serviço de motorista, primeiros namoros e cursos e mais cursos sem-fim, a parte difícil tinha terminado. Lançaríamos nossos filhos – com seus diplomas emoldurados, valores fortalecidos e auto-imagens positivas – no mundo real e iríamos para casa, ninhos vazios, loucos para receber os prêmios por aquelas incontáveis manhãs de domingo que passamos nos parquinhos e nos bancos dos ginásios de esportes.

---
[1] Linha de fundo da defesa no jogo de futebol americano. (N. do T.)

Mas, para surpresa de muitas mamães e papais prontos para embarcar nessa viagem, sua tarefa não termina no momento em que você acredita que seja o fim. Os filhos abandonam a faculdade em busca do que realmente os interessa (e os pais pagam pela aventura). Universitários formados suspeitam de que a cultura corporativa pode ser sufocante ("Eu nunca seria um operário-padrão.") e optam por continuar morando em casa, para economizar, enquanto esperam pelo trabalho perfeito. As festas de casamento, que custam uma pequena fortuna, às vezes acabam em divórcio, enviando os filhos machucados de volta ao ninho – dessa vez com própria ninhada.

E assim nosso trabalho continua. Porém, de muitas maneiras, ser pais de filhos mais velhos não é diferente de ser pais dos mais jovens. Afinal, também existem os valentões no mundo dos negócios, assim como havia no parquinho de diversão. E ainda estamos treinando nossos filhos, fazendo com que se sintam melhor e ajudando-os a superar as provas inevitáveis da vida. Só que, dessa vez, as feridas não saram com um Band-Aid, e escolher a resposta errada pode ter conseqüências devastadoras.

Tomar a decisão de ter filhos é muito importante – é decidir para sempre ter seu coração andando por aí, fora do seu corpo.
— Elizabeth Stone

Hoje, como mãe de crianças mais velhas (28, 25 e 18 anos), percebo que meu estilo de educar mudou. Agora, em vez de dar ordens como mãe ("Por favor, coma um pouco de salada, vá..."; "Arrume esse quarto, menino."), eu ofereço conselhos ("Você não acha que deveria usar uma gravata para a entrevista?"; "Provavelmente seria uma boa idéia obter outra avaliação."). Quando eles precisam de mim, esforço-me para dar um passo à frente sem pisar em cima de seus limites, e ofereço apoio sem sufocá-los. Apesar de às vezes o instinto me guiar muito bem – um filho me agradeceu recentemente por alertá-lo contra um negócio ardiloso que parecia bom demais para ser verdade –, aprendi algumas lições da maneira mais difícil, e gostaria de ajudar você a evitar alguns dos meus erros.

O objetivo deste livro é orientá-lo em seus "novos" papéis de pais de um adulto, sogros e avós. Você encontrará maneiras positivas e práticas de ajudar o filho mais velho a ser um adulto de sucesso e ainda sugestões reunidas não apenas da minha experiência de três décadas educando meus filhos, como também de inúmeros pais de crianças mais velhas, dos próprios "filhos" e de especialistas em casamento e família. As famílias que entrevistei englobam grande variedade de idades, localizações e situações, e, mesmo assim, tudo o que eu ouvi acabou caindo nessas oito estratégias:

- Construa uma ponte entre as gerações
- Prepare bem os filhos para o mundo lá fora
- Conserte as cercas quebradas e ame de uma maneira que faça a diferença
- Seja um construtor de sonhos, não um destruidor
- Mantenha a luz da varanda acesa e a lareira queimando
- Mantenha seu clã unido
- Seja um(a) *ótimo(a)* avô(ó)
- Não deixe de se cuidar

Cada capítulo deste livro oferece algumas idéias, bem como algumas regras, sobre o que fazer e o que não fazer. Nem todas servirão para sua família. Ao lê-las, escolha as que pareçam adequadas para o ponto em que você está na sua jornada como mãe/pai, e estejam em harmonia com as personalidades e com as circunstâncias dos seus filhos.

Nestas páginas, você encontrará muitas citações de pensadores antigos e novos. Cerca de 30 anos atrás, comecei a colecionar essas palavras de sabedoria de uma variedade de fontes: filósofos da Antiguidade, psicólogos sentimentais, da Bíblia, de grandes líderes, e das pessoas que admiro. Por quê? Porque sinto que preciso de toda ajuda e de sábios conselhos que puder conseguir. Quero muito continuar aprendendo como navegar nas águas alegres, misteriosas, desafiadoras e às vezes imprevisíveis da tarefa dos pais. Do modo como vejo, há muito ainda para aprender e continuar aprendendo; então por que não contar com a experiência dos outros? Talvez eu possa evitar alguns tombos feios. Por que não, com a ajuda daqueles que já passaram por tantas fases ou dos que entendem da vida e seus relacionamentos, transformar meu caminho de mãe em uma caminhada mais suave?

Aprenda com os demais o que perseguir e o que evitar, e deixe que seus professores sejam as vidas dos outros.
— Dionisius Cato

A sabedoria sempre funciona, seja qual for a fonte, e acho que você vai descobrir, como eu descobri, que os conselhos antigos testados pelo tempo, assim como a sabedoria mais moderna, funcionam muito bem, e de maneira consistente e surpreendente. Embora essas pessoas provavelmente não tivessem imaginado que seus escritos pudessem ser usados como conselhos para os pais, idéias inteligentes sempre trazem resultados inteligentes quando aplicadas com inteligência. Espero que essas citações sejam úteis para você como foram para mim.

O ser humano de maior conhecimento é aquele que entende muito da vida em que foi colocado.
— Helen Keller

Não finjo ter uma família perfeita, mas posso dizer com toda honestidade que somos uma equipe do tipo um por todos e todos por um. Quero dizer: devemos ter feito alguma coisa certa – nossos três filhos crescidos realmente ainda querem passar algum tempo conosco. Na verdade, durante o verão, enquanto voltávamos para casa após um dia maravilhoso de feriado, nosso filho mais novo comentou do nada: "Eu sei que, mesmo quando meus irmãos e eu tivermos as próprias famílias, vamos querer continuar nos divertindo juntos. Adoro fazer parte de uma família tão unida quanto a nossa."

Isso é que é ganhar o Grande Prêmio dos pais! Como mãe estrelando a *História da Família Peel*, Segundo Ato, senti-me tão rica quanto uma bilionária ao ouvir isso. Conforme envelhecemos e nossa família aumenta, cada um de nós está comprometido em aproveitar as bênçãos da vida juntos, dando apoio um ao outro nos momentos difíceis e ajudando a desenvolver o potencial de cada um. Ser pai/mãe é um grande privilégio e uma responsabilidade contínua, e não existe papel mais importante na vida.

A vida em família é a fonte da maior alegria humana.
— Robert J. Gavighurst

Assim, enquanto se retira do meio de campo e encontra um lugar na arquibancada dos pais, tenha fé nas vidas que você criou. Apesar de não estar mais dando as coordenadas, seus filhos ainda precisam da torcida, e os pais são seus maiores fãs. Não fique surpreso caso sinta que está um pouco deslocado quando eles saírem do ninho; é perfeitamente normal. As boas novas são que, se lidarmos bem com os processos de preparação e da partida, geralmente no momento em que as cortinas se levantam para a peça *Pais*, Segundo Ato, você foi escalado para seu novo papel: como conselheiro confiável e amigo. Caso perceba que está sobrecarregado, acalme-se: cada dia é um novo dia, e nunca é tarde demais para fazer mudanças, consertar estragos, descobrir novas maneiras de amar seus filhos e trabalhar na coisa mais importante do mundo – sua família.

1
Construa uma Ponte entre as Gerações

A família. Éramos um grupo pequeno e estranho de personagens se arrastando pela vida, compartilhando doenças e pasta de dente, desejando a sobremesa um do outro, escondendo o xampu, pegando dinheiro emprestado, trancando um ao outro fora dos nossos quartos, causando dor e dando beijinho para sarar ao mesmo tempo, amando, rindo, defendendo e tentando descobrir um laço comum que nos unisse a todos.

– Erma Bombeck

Eu costumava ficar louca quando meus pais falavam sobre as dificuldades que passaram para se tornarem adultos durante a Grande Depressão de 1929. Comparados ao que "atravessaram", meus problemas de adolescente despreocupada na década de 1960 pareciam bobos. Claro que eles reclamavam da música e diziam que os Beatles precisavam cortar o cabelo, que eu não dava valor para o luxo da água encanada nem para o dinheiro – esse tipo de coisa. Mas, para ser honesta, será que todos os pais realmente tiveram de caminhar oito quilômetros até a escola debaixo de uma neve que chegava até os joelhos, naquela época?

Agora meu marido e eu nos pegamos fazendo a mesma coisa com nossos filhos. Reclamamos da música e dos cabelos da moda, que eles não dão valor à tecnologia moderna nem ao dinheiro, que não fazem a menor idéia de como era datilografar um trabalho escolar nos "velhos tempos" em uma máquina de escrever manual em vez de em um computador com verificação ortográfica e tudo mais. Por mais tentador que seja, esse tipo de comunicação é tão útil para os nossos filhos quanto foi para nós – quase nada. Isso envia a mesma mensagem: Mamãe e Papai estão totalmente por fora.

> *Começo a me perguntar o que meus pais aprontavam na minha idade para levantarem tanta suspeita sobre mim o tempo todo.*
> – Margaret Blair

Fazer comparações pode ser esclarecedor se puder ajudar seus filhos a verem como uma geração molda a próxima. Meus companheiros *baby boomers* [os filhos da explosão populacional] e eu vivemos em um mundo muito diferente, antes. Usávamos telefones presos na parede que não vinham com secretária eletrônica. Nossos secadores de cabelos tinham uma toca plástica rosa enorme. Costumávamos colar as regras de matemática e ouvir música em discos de 45 e 33 rotações por minuto. Quando conversávamos sobre amenidades, não falávamos sobre esportes e, de algum modo, conseguíamos ficar entretidos com apenas três canais de televisão e, durante muito tempo, em preto-e-branco. Meus filhos são os típicos jovens adultos de alta tecnologia de hoje em dia. Estão tão plugados que não conseguem imaginar a vida sem TV a cabo, computadores e telefones celulares.

> *Os jovens acham que os velhos são tolos; mas os velhos sabem que os jovens é que são tolos.*
> – George Chapman

Outras grandes diferenças: durante as décadas de 1950 e 1960, os jovens se formavam no colegial, freqüentavam a faculdade, uniam-se às Forças Armadas ou encontravam trabalho em tempo integral e logo se tornavam auto-suficientes. Muitos casavam no final da adolescência ou com vinte e poucos anos, tinham filhos logo depois e faziam de tudo para comprar sua primeira casa. As famílias ampliadas freqüentemente viviam muito próximas, e assim, mesmo depois do casamento, os filhos se reuniam regularmente na casa dos pais, em geral para o jantar de sábado e o almoço de domingo. Os avós curtiam seus dias ocasionais como babás e antecipavam uma aposentadoria tranqüila.

Essa era a norma. Hoje, quando os filhos finalmente partem para viverem sozinhos – o que para muitos acontece por volta dos 25 anos –, eles vivem a mais de 1.500 quilômetros de distância e às vezes até em outro Estado. Os casamentos acontecem muito mais tarde agora, em média com 30 e não mais com 20 anos. E os avós de hoje com freqüência são mais atarefados. De acordo com o censo dos Estados Unidos no ano 2000, 2,3 milhões de avós americanos são responsáveis por educar um ou mais dos netos – não exatamente os anos dourados que tinham em mente.

O divórcio é outro fator. Quarenta por cento dos jovens adultos vêm de famílias desfeitas, e inúmeros outros cresceram praticamente sem pais: a Mamãe e o Papai tinham de trabalhar, então ninguém estava em casa com eles depois da escola. Infelizmente, muitos associam *família* não com "viveram felizes para sempre", mas com solidão e dor. Uma jovem que foi forçada a se virar sozinha enquanto sua mãe e seu pai viviam para o trabalho, repetiu um comentário que ouvi de muitas pessoas da sua idade: "Não sei se vou casar ou ter filhos", disse. "Acho que não consigo mais agüentar outra dor no coração."

Não limite um filho ao seu aprendizado, pois ele nasceu em tempos diferentes.
— Provérbio rabínico

A atitude em relação ao trabalho é outra diferença de gerações. Os filhos adultos de hoje não são tão fiéis ao seu trabalho. Procuram sempre um emprego melhor e que lhes possibilite trabalhar menos horas do que seus pais. Um banqueiro me contou que podia dar como certo que um empregado de 30 anos ou mais jovem ficaria menos do que 4 meses no emprego, aceitando logo uma vaga que oferecesse um pouco mais que fosse de salário. Uma amiga na área de publicação comentou que sua assistente trabalha muito durante todo o dia, mas, quando o relógio marca 5 horas, ela vai embora – não importa quanto ainda precise ser feito. Ouvi o mesmo lamento de inúmeros outros empregadores: os novos recrutas não vinculam sentimentos à empresa para a qual trabalham, e querem as recompensas de um trabalho bem-feito agora, se não ainda mais cedo. Parecem querer mais tempo para viagens, passatempos e esportes. Buscam a liberdade de viver a vida que *eles* querem – a vida que muitos acreditam merecer.

Infelizmente, muitos dos jovens adultos de hoje estão começando a vida já com muitas dívidas. "Não espere, compre agora. Crédito fácil.", "Precisa de dinheiro? Sem problemas!", é o que mais se ouve nos grandes centros urbanos, um mantra repetido várias vezes, dia após dia. Assim, todos nos tornamos uma população que quer algo e o quer de imediato. Somos como a criança de 2 anos que vi berrando no supermercado porque queria uma bala e queria *agora*! Nossos filhos cresceram em uma cultura na qual a gratificação tardia é uma anomalia. "Compre agora, pague mais tarde" é a norma; portanto, eles não vivenciaram a satisfação de trabalhar e economizar para comprar à vista algo com que sempre sonharam.

O PAGAMENTO CUSTOSO

Mas os pais e os filhos, do mesmo modo, estão pagando por essa educação, porque uma grande pedra no caminho de se tornar um adulto amadurecido é aprender a retardar as gratificações. Isso significa postergar algo que queremos fazer, como comprar um novo televisor de tela gigante ou ir para a praia, para fazer algo que devemos fazer, como economizar dinheiro para pintar a casa, por exemplo. Muitos jovens adultos simplesmente não entendem isso; uma atitude que faz os pais caírem em desespero. "O que eles estão pensando?", nós perguntamos.

Essa é, na verdade, uma questão muito boa a ser ponderada pelos pais. O que *eles estão* pensando, e onde aprenderam a pensar dessa maneira? Pode ter certeza de que a mídia bombardeou a todos com a gratificação instantânea, mas e quanto a nós? Será que nós (os pais) moldamos um estilo de vida de aquisição? Será que tentamos mostrar amor aos nossos filhos comprando coisas para eles?

Muitos dos jovens adultos de hoje cresceram em uma época em que era mais fácil para os pais comprar um novo brinquedo para seu filho do que levá-lo para brincar. Em muitas famílias, já que a Mamãe e o Papai tinham carreiras fora de casa, havia mais dinheiro do que tempo, e assim dar presentes aos filhos era mais fácil do que ficar com eles. Com certeza, as crianças gostavam de receber novos brinquedos, e daí tudo parecia funcionar.

Mas, inconscientemente, estávamos desenvolvendo um vício nas nossas crianças com base na lei de retorno decrescente – quanto mais compramos, mais precisamos disso para nos satisfazer –, o que, no caso dos pais, se traduz em algo assim: Você compra um brinquedo barato para um filho de 3 anos. O brinquedo agrada e ocupa a criança por um curto período de tempo, mas então ela se cansa e quer um novo brinquedo. Dessa vez você compra um brinquedo um pouco maior e mais caro, que pode agradá-la por um período um pouco maior, mas logo se torna velho e chato. A criança continua querendo mais e mais, e você continua comprando mais e mais.

Os pais, em qualquer situação financeira, podem cair nessa armadilha. Pratique esse padrão por 20 anos e, bem, como a geração dos nossos pais costumava dizer: Quem viver verá.

Trago isso à tona não para dizer que somos pais desleixados que deveríamos nos culpar pelo resto de nossas vidas por criar esse ciclo monstruoso. Sentir culpa raramente é, se for em algum momento, produtivo para a solução de problemas, mas conhecer os fatos com os quais precisamos trabalhar, isso, sim, é. As atitudes e os comportamentos da geração mais jovem podem ser enlouquecedores. É tentador confrontar suas expectativas irrealistas com o cinismo: "Acorde para a realidade! A vida não é um conto de fadas. Ninguém lhe deve nada. Caia na real!" Mas os comentários irritados apenas aumentam a distância entre as pessoas. A paz começa com o desejo de entender as coisas a partir de um novo ponto de vista.

Se fosse fácil educar os filhos, isso nunca teria começado com algo chamado trabalho de parto.
— Autor desconhecido

Aqui, a lição para todos é ver por trás das atitudes e, ao fazê-lo, você provavelmente descobrirá um ponto em comum, às vezes em áreas surpreendentes. Um estudo recente entre pessoas de 20 a 30 anos revelou que 87% delas planejam se casar apenas uma vez, e que 64% consideram a vida pessoal mais importante do que a profissional. Isso não parece com algo que os pais listariam como um desejo para seus filhos? Talvez estejamos mais no caminho certo do que imaginamos.

ESTIVE LÁ

Tenho filhos, netos e bisnetos, e posso dizer que a cada 10 anos os estilos e as questões mudam na nossa cultura. Mas os princípios de ser um bom pai nunca mudam. É o mesmo, hoje, como há 65 anos, quando eduquei meus filhos. Precisamos ensinar a nossas crianças o que é certo e o que é errado, demonstrando-o por meio de nossas experiências de vida do dia-a-dia. E precisamos amar os filhos incondicionalmente, quer tenham 20 quer tenham 50 anos. Isso não significa concordar com eles em tudo ou aprovar todos os seus comportamentos e escolhas e, sim, amá-los e dizer a eles que os ama. Todo ser humano, não importa quão rebelde seja ou quanto tenha errado, tem algo de adorável em si. Procure esse algo adorável.

— Myra, 83 anos

Parece claro que os adultos de hoje querem evitar os erros que muitos de nós, *baby boomers,* cometemos, dentre eles o vício pelo trabalho e o divórcio. Isso não é inteligente? Pense bem: talvez nossos filhos sejam as pessoas que vão romper os ciclos perturbadores do fracasso familiar. Eles anseiam por uma vida familiar satisfatória e saudável tanto como por uma carreira. O objetivo é elevado, e talvez consigam atingir o alvo!

Seja gentil com seus filhos, porque eles é que vão escolher sua casa de repouso.

— Phyllis Dille

Portanto, a próxima vez que a discussão sobre o conflito de gerações começar a fugir do controle, respire fundo e lembre a seus filhos de que você tem a mesma idade que o Mick Jagger, por exemplo.

CONSTRUINDO UMA PONTE: AS FERRAMENTAS NECESSÁRIAS

A seguir estão alguns componentes-chave para manter um relacionamento de alta qualidade com seus filhos mais velhos e construir pontes de comunicação.

1. Paciência

Seja paciente e lembre que já esteve no lugar deles. Muitos pais de jovens adultos dizem que estão frustrados porque seus filhos não lhes dão ouvidos: as crianças acham que sabem tudo. Mas pense nisso: você não sabia tudo quando tinha vinte e poucos anos?

Não sou jovem o suficiente para saber tudo.
— Oscar Wilde

Cerca de 3.000 anos atrás, o rei Salomão escreveu estas palavras: "O que foi será novamente; o que foi feito será feito novamente; não há nada de novo sob o sol". Se levarmos essa antiga semente de sabedoria a fundo, não estaríamos surpresos por sacudir nossas cabeças, consternados com nossos filhos, assim como nossos pais fizeram conosco, e como seus pais fizeram com eles. O conflito de gerações não é uma idéia nova.

Quando eu era um garoto de 14 anos, meu pai era tão ignorante que eu mal agüentava ter um velho à minha volta. Mas, quando completei 21, fiquei impressionado com o quanto ele aprendera em 7 anos.
— Mark Twain

Se sua jovem adulta está no estágio em que sempre está pronta a oferecer aos mais velhos o total benefício de sua experiência, espere um pouco. Assim como aconteceu na sua vida, na vida dos seus pais e na vida dos seus avós, chegará o dia em que sua filha vai acordar – geralmente depois de uma experiência difícil ou dolorosa – e perceberá que talvez não seja tão esperta quanto achou que fosse e que ainda tem pelo menos algumas coisas a aprender. A vida tem o próprio jeito de acabar com a arrogância da juventude.

2. Confiança

Crie um ambiente seguro para a comunicação. Aqui está uma pergunta importante: quando seu filho ou filha fica frente a frente com a realidade e está procurando um meio de viver com sucesso e tomar boas decisões, ele ou ela quer conversar com você? Você é considerada uma fonte segura e confiável de apoio e aconselhamento ou apenas uma fonte de críticas?

> *Tenha um coração que nunca endurece, um temperamento que nunca incendeia e um toque que nunca machuca.*
> – Charles Dickens

Meu marido e eu consideramos uma grande honra nossos filhos adultos pedirem nossa opinião e nos confiarem seus segredos com tanta freqüência. Acredite, não descobrimos sozinhos como ter esse tipo de relacionamento recompensador. Com o passar dos anos, observamos pais à nossa frente que tinham o tipo de relacionamento com os filhos mais velhos que queríamos ter com os nossos. Pedimos a esses pais que nos contassem o que tinha funcionado e o que não tinha funcionado em suas famílias e quais conselhos nos dariam enquanto nossos filhos passavam da adolescência para a fase adulta. Anos atrás, a professora de 60 anos que lecionava na pré-escola do nosso filho resumiu seu conselho para os pais da seguinte maneira: *o amor encobre uma série de pecados*. Se nossos filhos podem confiar no nosso amor – incondicionalmente –, esse fato sobrepujará muitos erros que cometemos como pais.

Do nascimento até a morte, todas as pessoas querem saber: "Sou amada incondicionalmente?" Se qualquer pessoa sentir que sempre precisa passar por provas para entrar no nosso time, nós a acabaremos afastando. Em um mundo em que o desempenho significa tudo, nossos filhos precisam saber que as provas acabaram. Eles já são parte do nosso time, e nada do que façam os colocará no banco de reservas.

Quando passamos aos nossos filhos a mensagem consistente de que nosso amor por eles é condicional e baseado em seu comportamento, nós os irritamos. Mensagens como: "Eu te amo se estiver na lista dos aprovados do vestibular", "Eu te amo se vier passar o Natal em casa" e "Eu te amo se você pesar 50 quilos" devem ser ignoradas se quisermos um relacionamento de alta qualidade com nossos filhos mais velhos.

3. Moderação

Aqui está outro bom conselho que descobrimos: *ouça mais do que fala e, ao falar, tenha cuidado com o que diz.*

Não sinta que deve *aconselhar* os adolescentes mais velhos e os jovens adultos tanto quanto os *ouve*. É fácil estarmos tão dispostos a ajudá-los que acabamos dando opiniões e conselhos antes de ouvi-los. Muitos pais descobrem em retrospectiva que o mais útil em determinadas situações teria sido simplesmente manter uma atitude de amor sem julgamentos e um ombro amigo, quando necessário.

Em caso de dúvida, é sempre melhor dizer pouco do que muito.
— Thomas Jefferson

Meu marido e eu estamos casados há um ano. Algo que passei a apreciar nos meus pais é que eles oferecem um ambiente "seguro" para conversarmos sobre problemas e pedir conselhos. Eles nos ouvem muito e não ficam nos criticando. Meus sogros não fazem isso, então não compartilhamos nada com eles.
— Sally, 25 anos

As palavras que usamos para expressar nossas opiniões para um filho mais velho são extremamente importantes. Por exemplo:

Não diga: "Quando eu tinha a sua idade, eu..."
Diga: "Eu sei que vemos as coisas de maneira diferente. Diga-me como você vê essa situação."

Não diga: "Sou mais velha e mais experiente do que você".
Diga: "Eu discordo de você nisso, mas conte-me seu ponto de vista".

Não diga: "Você não deveria se sentir assim".
Diga: "Seus sentimentos são importantes para mim. Diga-me por que se sente assim."

Não diga: "Eu te avisei, não foi?"
Diga: "Todos nós cometemos erros. O importante é aprendermos com eles."

Não diga: "Como você pôde fazer isso comigo?"
Diga: "Cada um de nós é responsável por suas ações – como elas afetam os outros bem como a nós mesmos."

29 COISAS QUE VOCÊ NUNCA DEVERIA DIZER A UM FILHO DE QUALQUER IDADE

1. Você não serve para nada.
2. Você nunca vai chegar a lugar algum.
3. Você recebeu o que merecia.
4. O que há de errado com você?
5. Quando vai agir de acordo com a sua idade?
6. Você não consegue fazer nada direito?
7. Estou de saco cheio de você.
8. Tudo que você faz é criar problemas.
9. Espere só até você ter filhos.
10. Você nunca vai aprender?
11. Você é estúpido.
12. Você é preguiçoso.
13. Quem você pensa que é?
14. Você ainda vai acabar me matando.
15. Eu não te ensinei nada?
16. Você precisa examinar a sua cabeça.
17. Você não se importa com nada?

18. O que o faz pensar que é tão especial?
19. Você nunca me ouve?
20. Quando vai começar a me dar ouvidos?
21. Eu já te disse isso, aliás, já te disse um milhão de vezes.
22. Não vejo a hora de você ir embora.
23. Por que você não pode ser mais parecida(o) com a(o) sua irmã (seu irmão)?
24. Você é uma encrenca.
25. Não sei por que tive filhos.
26. Como pôde fazer isso comigo?
27. Você é igualzinho ao seu pai (mãe)!
28. Quando tinha sua idade, eu...
29. Porque eu estou mandando, só por isso.

4. Compreensão

Tente entender o mundo deles. Acompanhe-me nesse momento; isso é muito importante. Pense em algumas pessoas na sua vida com quem você tem um bom entendimento. Talvez sejam pessoas que você conheceu durante uma campanha política ou em uma aula de ginástica ou em um curso qualquer. Talvez sejam seus vizinhos, colegas de trabalho ou pessoas que você conheceu na igreja. Seja quem for, vocês têm um relacionamento significativo porque compartilharam partes do mundo um do outro. É mais do que provável que não concordem em tudo, mas apreciam e aceitam as referências um do outro.

Não é preciso um grande salto para ver que os mesmos princípios se aplicam ao relacionamento com seus filhos. O que sabemos sobre o mundo deles? Quais seus programas de televisão favoritos? Quais livros estão lendo? Quais filmes influenciaram suas vidas? O que está "dentro" e "fora" da moda? Quais são suas opiniões sobre o estado do mundo? Que música eles ouvem, e o que a letra significa?

> *Nossa maior obrigação com nossos filhos é prepará-los para entender e lidar de maneira eficaz com o mundo no qual viverão e não com o mundo que conhecemos ou o mundo que preferiríamos ter.*
> – Grayson Kirk

Procurar intencionalmente maneiras de promover a compreensão e a apreciação entre gerações é a primeira estratégia para desenvolver o entendimento com um filho adulto. É natural compartilhar nosso passado (o bom *e* o ruim) com nossos filhos. Isso nos ajuda a compreender quem somos, o que é freqüentemente o primeiro passo no entendimento de quem eles são. Relatos pessoais – contados com a sensibilidade adequada – podem ser remédios poderosos para um filho ou uma filha profundamente desapontados ou com o coração partido. As crianças precisam saber que a página corrente e difícil na história de suas vidas não é o capítulo final.

Por exemplo: uma filha que tira uma nota inferior à que esperava no vestibular provavelmente se sentirá melhor se ouvir que a mesma coisa aconteceu com você. Saber que você teve de prestar vestibular três vezes antes de entrar na faculdade que você queria lhe dará motivos para acreditar que ela também pode conseguir. Seu filho e sua nora, exaustos por passarem metade da noite acordados com o recém-nascido sofrendo com cólicas, podem encontrar esperança ao ouvir sobre as altas noites em que você e seu marido se revezaram para chacoalhá-lo – e a cólica acabou passando; como o médico havia previsto.

É um antigo clichê, mas ainda é verdade em qualquer relacionamento: as pessoas não se importam com quanto você sabe até que saibam quanto você se importa. Buscar entender o mundo do seu jovem adulto é um grande passo na pavimentação da estrada de uma boa conexão entre vocês dois.

5. Respeito

Procure oportunidades de mostrar respeito por seus filhos adultos. Escolha não generalizar quando ouvir um repórter descrever a nova geração como "a geração de preguiçosos". Claro que existem algumas pessoas dessa faixa etária que se encaixam nessa categoria. Mas não se esqueça de que a sua geração teve uma parcela de maconheiros, hippies e pessoas nada patriotas que incendiavam bandeiras. Procure bons atributos de caráter não apenas na geração mais jovem, como também nos seus filhos, e conte a eles o que encontrar. Mesmo que seu comportamento – que merece respeito – possa ser questionado às vezes, jovens homens e mulheres sempre merecem nosso respeito pessoal, nosso reconhecimento como pessoas de valor.

Respeite Suas Opiniões. Uma das coisas mais importantes que podemos fazer por nossos filhos é deixar que se vejam como adultos – que se tornem pensadores independentes. Não é nossa tarefa pensar por eles, mas treiná-los e deixá-los à vontade para que formem os próprios valores. Todos nós conhecemos adultos que não sabem pensar por si sós, que ainda dependem das opiniões da Mamãe ou do Papai. Quando estiver em desacordo com um filho ou com uma filha, evite as seguintes frases, que mostram desrespeito por suas opiniões:

- Isso é ridículo.
- Você não sabe o que está falando.
- Somente os tolos acreditam que...
- Está comprovado que...
- Não há dúvidas quanto...

Declarações como essas acabam com a conversa e o relacionamento, pois são defesas e reações emocionais negativas.

Tente encontrar maneiras mais agradáveis de discordar e ainda mostrar respeito pela opinião do seu filho ou sua filha. Aqui estão algumas maneiras menos ofensivas de expressar desacordo que afirmam o valor do indivíduo e mantêm a porta aberta para mais comunicação:

- Estou ouvindo o que você está dizendo, mas isso realmente me coloca em estado de alerta.
- Posso expressar um ponto de vista diferente?
- Corrija-me se eu estiver errado, mas estou vendo um problema aqui.
- Não estou certo se concordo. Você pode dizer de novo?
- Você já levou em consideração esse ponto de vista?

Respeite Suas Capacidades. Vários anos atrás, conheci um homem de trinta e poucos anos que trabalhava para o pai nos negócios da família. Parecia uma situação muito agradável até que vi os dois interagirem. O filho nunca conseguia agradar ao pai. Embora o filho recebesse um salário de seis dígitos, não fazia nada direito, de acordo com esse pai. Depois de trabalhar com o pai por 10 anos, o filho nunca tinha tido permissão para tomar decisões próprias e, o que é mais importante, falhar ou ter sucesso por si só.

Respeite Suas Decisões. Pode ser doloroso observar nossos filhos tomando decisões que sabemos que podem magoá-los, mas eles precisam aprender a cair e a levantar sozinhos. De que outra forma eles aprenderão? Depois de aconselhá-los, recue e deixe-os decidir. Eles aprenderão mais ao cair de cara no chão algumas vezes do que aprenderiam de outra maneira, e temos de estar dispostos a deixá-los cometer erros ou eles não crescerão. Quando você descobrir que no final das contas eles estavam certos – o que, a propósito, acontecerá de vez em quando –, faça questão de admitir que estava errada e elogie-os. E, claro, quando estiver certa e eles errados, tranque os dentes e recuse-se a dizer: "Se você tivesse dado ouvidos à sua mãe!"

Respeite Sua Privacidade. Você não precisa saber todos detalhes de suas vidas.

Respeite Sua Independência. Dê-lhes espaço.

6. Apreciação

O que você pode apreciar no que a geração mais jovem tem a oferecer? Seu conhecimento tecnológico? Sua ênfase saudável em ter uma vida além de uma carreira? A importância que eles colocam nos relacionamentos? Conte-lhes sobre o lado bom que você vê.

> *Acredito firmemente que as crianças não querem sua compreensão. Querem sua confiança, compaixão, amor cego e a chave do seu carro.*
> — Erma Bombeck

Palavras de encorajamento mostram que você dá valor ao seu filho por quem ele é. Apesar de querermos ver melhorias, aceitamos uma pessoa sem exigir mudanças. Quando afirmamos o valor dos indivíduos por meio de nossas palavras ou ações, fazemos com que se lembrem de que são amados e estimados.

FAZENDO PERGUNTAS QUE IMPORTAM

Aprofunde seu relacionamento com sua jovem adulta, passando algum tempo bem concentrado com ela, fazendo algo que as duas gostem. Quebre o gelo, experimente o método usado por um dos melhores professores de todos os tempos. Sócrates fazia certas perguntas aos seus alunos na esperança de abrir suas mentes ao instigá-los a considerar mais profundamente as questões. Sua intenção sempre foi revelar quanto um aluno ainda tinha a aprender.

As perguntas mostram que você está genuinamente interessado em seu jovem adulto e se importa com seus pensamentos e sentimentos. As perguntas levam à descoberta de como a educação que você deu está criando raízes; as respostas do seu filho revelam muito sobre onde ele está no desenvolvimento moral. Além disso, as perguntas inspiram seu filho a raciocinar e a estabelecer os próprios valores e padrões de vida.

É melhor fazer algumas perguntas do que saber todas as respostas.
– James Thurber

A seguir estão algumas perguntas para manter o ritmo da conversa. Por mais simples que possa parecer, às vezes é difícil para os pais pensar em perguntas além de "Como foi seu dia?" ou "Como vai?" Perguntas não-específicas como essas em geral não encorajam a conversa nem a troca de informações. Em vez disso, experimente iniciar uma conversa em momentos ou lugares naturais – como a hora em que estão no carro a caminho de um mercado em um bairro vizinho, ou caminhando juntos em uma rua próxima de casa ou no shopping, ou, ainda, na sala de espera do dentista –, e esteja preparado com algumas questões dessa lista.

Não faça perguntas demais de uma vez. Você não quer que seu filho sinta que está em um interrogatório. Escolha apenas duas ou três para a primeira vez e guarde algumas novas para uma próxima hora em que estiverem juntos. Há espaço no final da lista para que você escreva algumas perguntas suas.

- Descreva como é um bom amigo de verdade. Você tem um amigo assim? Você é um amigo assim para alguém?
- Quando você entra em uma sala cheia de pessoas, qual é a primeira coisa que vem à sua mente?
- Descreva um momento em que realmente sentiu medo.
- Se pudesse jantar com três pessoas, quem você convidaria?
- Qual foi a coisa mais difícil que você já teve de fazer?
- Você prefere assistir ao *Big Brother* ou participar do programa?
- Se pudesse pedir três coisas a Deus, o que você pediria?
- Quem é a pessoa mais corajosa que você conhece?
- Se pudesse voltar no tempo, qual época da história você gostaria de vivenciar primeiro?

- Quais são suas três músicas favoritas?
- Quais são suas três sobremesas favoritas?
- Se pudesse viajar para qualquer lugar do mundo, aonde você iria?
- Que nova atividade você gostaria de aprender?
- O que você se imagina fazendo daqui a 10 anos?
- Qual é seu restaurante favorito?
- Quais são seus três filmes preferidos de todos os tempos?
- O que você acha que significa estar apaixonado?
- Se pudesse reviver um momento de sua vida, qual seria?
- Qual é sua definição de sucesso?
- Descreva a carreira dos seus sonhos.
- Quais são as três coisas que o preocupam mais?
- Quais são cinco coisas que você quer fazer antes de chegar aos 40 anos?
- Que coisas maravilhosas você acha que vão acontecer para você no futuro?
- O que você faria para transformar o mundo em um lugar melhor?
- Que características você quer que sua (seu) futura(o) esposa (marido) tenha?
- Quais qualidades farão de você um bom marido (esposa)?
- Qual foi seu momento mais embaraçoso?
- Qual foi o melhor livro que você já leu?
- Se alguém lhe desse um milhão de dólares, o que você faria?
- Qual foi o melhor presente que você já ganhou?

- Que qualidades você admira em uma pessoa?

- _____

- _____

- _____

Depois que a conversa pegar ritmo, você pode se surpreender com quantas qualidades pessoais, sonhos e idéias seu filho vai compartilhar com você, e verá como são parecidos por dentro. A diferença entre gerações pode realmente diminuir diante dos seus olhos! Se isso acontecer, você começou a construir linhas fortes de comunicação com seu filho mais velho que servirão para vocês dois por toda a vida.

Não se pode realmente compreender uma pessoa e até considerar as coisas a partir de seu ponto de vista – até que você entre em sua pele e caminhe por aí com ela.

– Harper Lee,
Não Matem a Cotovia

INSTRUÇÕES PARA EDUCAR CRIANÇAS (DE QUALQUER IDADE)

Quando nossos filhos eram pequenos, Bill e eu percebemos que tínhamos muito a aprender sobre essa tarefa tão importante. Ficamos perplexos ao ver que havia cursos e diplomas para cortar cabelo, vender imóveis e participar de muitas outras profissões, mas não era necessário nenhum treinamento para uma pessoa se tornar pai ou mãe. Estabelecemos alta prioridade para o aprendizado de sermos pais, mergulhando em livros sobre como educar crianças, participando de seminários e aprendendo com os pais bem-sucedidos que conhecíamos. Tudo que estudamos e lemos parecia chegar aos mesmos cinco atributos.

As cinco instruções a seguir ajudaram a pavimentar o caminho para um relacionamento íntimo com cada um dos nossos filhos. O interessante, agora que dois deles saíram de casa e o outro está a caminho da faculdade, é que percebemos que os mesmos cinco objetivos ainda se aplicam e continuam a nos orientar, agora que nosso papel mudou de pais e educadores para acabar com a distância e nos tornarmos mentores e amigos, apesar de expressarmos os objetivos de maneiras diferentes. Encorajo você a, junto conosco, tomar essas instruções para si próprio.

1. *Seja justo*. Precisamos deixar nossos filhos irem e não fazermos exigências descabidas de tempo e atenção. Isso inclui sermos sensíveis às necessidades de se tornarem independentes.

2. *Seja firme*. Assim como é errado esperar que nossos filhos adultos tenham suas vidas orbitando em volta de nós, não deixemos que nossas vidas orbitem em volta das deles.

3. *Seja divertido*. Muitas coisas agradáveis e divertidas competem pela atenção dos nossos filhos adultos. Devemos nos perguntar: "Vir para casa é algo gostoso? Eles querem se reunir conosco ou tremem só de pensar na idéia?"

4. *Seja flexível*. É verdade agora, assim como quando eles eram jovens: adaptarmo-nos e deixarmos acontecer com a força da paternidade é a chave para sermos bons pais. A única coisa constante na vida é a mudança.

5. *Seja afirmativo*. Todo ser humano, não importa a idade, precisa ser lembrado de seu valor e contribuição única, algo que o faz ser diferente no mundo.

Nunca é Tarde Demais

Um amigo de 45 anos me contou como, pela primeira vez, está curtindo um relacionamento caloroso com os pais. "Sempre senti que não tinha importância para eles. Quando estava no colegial e na faculdade, meus pais não tinham tempo para mim porque estavam montando seus negócios. Basicamente cuidei de mim mesmo a partir do primeiro colegial. Quando comecei a trabalhar, casei-me e comecei minha família; os negócios da Mamãe e do Papai tinham se tornado extremamente bem-sucedidos e exigiam ainda mais o tempo deles. Então, devido a alguns problemas de saúde, eles tiveram de vender a empresa e se aposentar. Acho que, nesse momento, eles começaram a ver as coisas com outros olhos e a se interessar por mim e por minha família. Foi como se quisessem recuperar o tempo perdido. Reconstruir o relacionamento se tornou tão importante quanto foi, um dia, projetar lucros. É uma pena que tivesse de acontecer tão tarde na vida, mas pelo menos aconteceu. E tudo isso me ensinou a importância de ter um interesse ativo pela vida e pelo mundo do meu filho em todos os estágios."

Se você quer compreensão, experimente compreender.
— Malcolm Forbes

O que devemos levar daqui? Começar a conversar, ouvir e procurar entender. Nunca é tarde demais para começar a construir uma ponte entre as gerações. A bola está no seu campo.

2
Prepare Bem os Filhos para o Mundo Lá Fora

Venham até a beirada, Ele disse. *Eles disseram: Nós estamos com medo. Venham até a beirada,* Ele disse. Eles vieram. Ele os empurrou e eles voaram.

– Guillaume Apollinaire
(1880-1918)

*V*irginia Satir, autora do livro *The New Peoplemaking* (Cultivando Pessoas – Nova Edição), resumiu nossa tarefa como pais de maneira sucinta: "Para mim, esse é o momento final da criação dos filhos – eles se tornam pessoas autônomas, independentes e criativas que agora são amigos das pessoas que as trouxeram ao mundo". Esse não é o objetivo de todos os pais? Desejamos que nossos filhos cresçam para serem adultos inteligentes, saudáveis e contribuidores de um mundo melhor por meio de seu comportamento responsável e de sua criatividade. Para esse fim, nós os preparamos para deslanchar, nós os deixamos prontos para lidar com um mundo freqüentemente frio e cruel. Há muito que podemos fazer para tornar a entrada de nossos filhos no mundo da independência o mais suave e estável possível.

HORA DE ARRISCAR E LIBERTAR

É impossível lançar os filhos no mundo para viverem sozinhos sem assumir riscos – tanto da sua parte como da deles. Quando eram jovens, havia os jogos na escola, os primeiros namoros, e – o pai de todos (desculpe o trocadilho) – as aulas para aprender a dirigir. Com um pouco de fé (e às vezes muitas unhas roídas), sobrevivemos a esses primeiros acontecimentos enervantes, que nos tornaram mais fortes para os desafios maiores que hoje enfrentamos.

> *Nunca abaixe a cabeça. Mantenha-a sempre erguida. Encare o mundo de frente.*
> – Helen Keller

Como pais novos, lemos livros de especialistas sobre como educar as crianças para conhecermos melhor as habilidades que podemos lhes ensinar nas várias idades e estágios pelos quais elas passam: falarem, comerem sozinhas com a colher, usarem o "peniquinho" (sempre um dia de celebração). Nem percebemos que as crianças crescem. De repente, como se tivesse acontecido do dia para a noite, elas já estão mais altas do que nós, mesmo assim, devemos continuar a educá-las. A tarefa dos pais, ao contrário dos desejos dos filhos, não se encerra quando eles entram no ensino médio. Ainda temos muito o que lhes ensinar, muito a educá-los, e, embora acreditem que já saibam tudo, eles não sabem.

Assim como não mandamos nossos filhos de bicicleta para a escola sem antes repetirmos diversas vezes as regras de segurança, não devemos esperar que, quando jovens adultos, eles saibam se virar no mundo. Quer nossos filhos se encaminhem para a faculdade, para uma escola profissionalizante ou militar, quer tirem alguns anos de folga para trabalhar ou explorar o mundo, eles tomarão muitas decisões pela primeira vez – e terão de arcar com as conseqüências dessas decisões. As escolas raramente ensinam as regras importantes da vida – cuidar de seus pertences e guardá-los bem sempre, estabelecer limites pessoais de maneira inteligente e direta, sem ofensas, lidar com dinheiro – regras das quais as crianças devem ter boa noção quando saem de casa.

Antes que seus filhos façam a mala em direção a outra cidade, para estudar ou trabalhar, existem algumas coisas importantes que eles devem saber. O tempo e o esforço que você gasta preparando-os para a vida sozinhos ajudarão muito na hora de precisarem fazer escolhas inteligentes e lidar com contratempos e crises inevitáveis na vida. Queremos que sejam adultos bem-sucedidos; portanto, precisamos ajudá-los a aprender como lidar com as pequenas coisas do dia-a-dia.

> *[Autonomia] é a liberdade de desenvolver-se – aumentar seu conhecimento, melhorar suas habilidades e atingir a responsabilidade por sua conduta. É a liberdade de viver a própria vida, escolher entre as ações alternativas, sem, porém, causar qualquer dano aos outros.*
> – Thomas S. Ssasz

No Capítulo 10, você encontrará muitas idéias sobre como preparar seu filho para as preocupações práticas. Neste capítulo, vamos observar duas questões importantes para as quais nossos filhos precisam estar preparados: limites e independência. Em outras palavras, conforme caminham em direção à independência e à autonomia, eles precisam saber onde estabelecer o limite e quem o estabelecerá.

RITUAL DE PASSAGEM

Embora várias culturas no mundo rendam homenagem à "formatura" de uma criança em adulto, por meio de cerimônias como um ritual de passagem, em muitos países a tendência é ignorar o fato. Isso significa que não sinalizamos para uma criança que agora ela já é um adulto, com todos os benefícios e responsabilidades que advêm disso.

Mas podemos fazer algo, sim, e melhor: podemos investir em uma cerimônia que inicie nossos filhos na vida adulta com uma festividade inesquecível e uma confiança que pode mudar sua vida. Uma boa "formatura" fará o seguinte:

- Dirá ao seu filho que você lhe dá valor e respeita sua dignidade como adulto.
- Utilizará um símbolo. Uma pessoa que se aposenta, por exemplo, às vezes recebe um relógio de ouro. Na sua família, o que uma pessoa que se torna adulta pode receber como um marco?
- Levará à maior reflexão dos pais quanto à consideração do filho agora adulto, ao seu planejamento futuro e às suas finanças. Vale a pena fazer isso certo.
- Fará mais do que celebrar o momento. Trará inspiração ao seu filho para seguir em frente com boas expectativas.

ESTABELECER LIMITES PESSOAIS

Na hora em que os filhos saem de casa, espera-se que tenham internalizado um código de ética e estabelecido seus limites morais. Quer você sinta que seus padrões estão firmemente ancorados, quer ainda estejam um pouco nebulosos, é uma boa idéia conversar sobre essa importante questão.

Quem for livre deve ser virtuoso.
— Clinton Rossiter

Dê prioridade para, um momento antes da partida, pedir aos seus filhos que descrevam algumas regras pessoais que estabeleceram para si mesmos quando estiverem sozinhos. Se não souberem como verbalizar suas respostas, você pode ajudá-los, apresentando alguns cenários nos quais eles podem se encontrar frente a frente com decisões difíceis. Por exemplo: pergunte a eles como reagiriam nas seguintes situações:

- Você descobre que um amigo ou colega de quarto está vendendo drogas.

- Você percebe que é comum colar nas provas ou falsificar balancetes de despesas.
- Você é estuprada por um namorado.
- Pedem que você faça algo ilegal para ser aceito em algum clube ou organização estudantil.
- Você está em uma festa que está fugindo do controle. As bebidas alcoólicas são servidas livremente e você passa a questionar a segurança das pessoas ali, incluindo você mesmo.
- Oferecem-lhe uma oportunidade para ganhar muito dinheiro fazendo algo que vai contra sua consciência.
- Você tem a oportunidade de fazer um RG falso.
- Você aprende uma maneira simples de burlar seu imposto de renda.

É mais fácil prevenir hábitos ruins do que acabar com eles.
— Benjamin Franklin

Quando seu jovem adulto enfrenta uma escolha difícil, o fato de ter pensado previamente na situação não garante uma reação melhor, mas vai facilitar uma decisão mais consciente. E, lembre-se, você conhece seu filho melhor do que qualquer pessoa, às vezes até melhor do que ele mesmo. Todo ser humano tem seus "pontos cegos", os buracos negros da vida nos quais são sugados por causa de suas personalidades, tendências naturais ou educação. Talvez você nunca tenha pensado nisso dessa maneira, mas, provavelmente, notou algumas das tendências ao buraco negro em seu filho desde uma idade muito jovem.

Frases como: "Minha filha sabia como fazer as coisas à sua maneira desde que tinha 3 anos." ou "Meu filho tentou quebrar as regras desde o primeiro dia." já foram ditas por você? Por mais inocentes que essas tendências possam parecer, são buracos negros em potencial. Ao ajudar seu filho a antecipar alguns dos desafios que pode vir a enfrentar, você pode ajudá-lo a desenvolver uma sabedoria e uma autodisciplina para recuar quando se sentir tentado a fazer coisas que não refletem seus valores.

A QUESTÃO DA AUTORIDADE

Talvez agora você e seu jovem adulto tenham, finalmente, uma chance de discutir ou pelo menos reservar algum tempo para conversar sobre limites e autoridade. Esses são tópicos importantes, mas existe outra questão a considerar quando o filho mais velho dá o primeiro passo em direção à independência: a vida longe de casa. Tanto os pais como os filhos se perguntam quanta influência os pais ainda deveriam ter sobre a vida dos filhos. Se está pensando nisso, existe uma pergunta que você pode fazer para elucidar o problema: com o dinheiro de quem ele ou ela está vivendo?

Se não for abordada e compreendida pelos pais e filhos, essa simples pergunta pode causar grande ressentimento e problemas de relação nos anos que estão por vir. Caso pague pela educação do seu filho ou, de alguma maneira, forneça seu sustento, você ainda tem certo grau de autoridade sobre sua vida, sim. Mas lembre-se disto: é estritamente importante expor suas orientações e expectativas de maneira clara e direta enquanto estiver arcando com as despesas, juntamente com as conseqüências, caso os acordos entre você, seu cônjuge e seu filho não forem cumpridos.

Freqüentemente encontro pais que não exigem que os filhos mais velhos cumpram as instruções combinadas. Eles desviam o olhar quando os jovens adultos são multados por dirigir embriagados, não conseguem comparecer às primeiras aulas que começam antes das 8 horas da manhã, ou pedem dinheiro emprestado mais uma vez sem pagar os empréstimos anteriores com os quais se comprometeram. Ao viverem nessa negação, esses pais não estão fazendo favor algum aos seus filhos.

Uma professora de faculdade me procurou recentemente depois de uma conferência. Eu tinha mencionado o tópico deste livro na minha palestra e ela me contou como lutava com os alunos que não faziam seus trabalhos, mas ainda acreditavam que suas notas deviam ser boas. "Porém, o que é ainda pior", comentou, "são os pais que reclamam, exigindo que eu dê boas notas aos seus filhos apesar de não estarem cumprindo com suas obrigações". Parece algo inimaginável, não é?

Quem, então, é livre? O homem que pode governar a si mesmo.
— Horácio

Existe algo que todos os pais precisam entender claramente: se quisermos lançar adultos maduros e responsáveis no mundo, há momentos durante o período de transição da dependência para a independência em que devemos nos manter firmes para o bem dos filhos e de seu futuro. Se um filho, não importa a idade, ainda estiver recebendo o sustento dos pais e não cumprir suas responsabilidades — obedecer à lei, ir às aulas, pagar certas despesas, seja lá o que for —, não deve ser recompensado, o que, na maioria dos casos, simplesmente significa continuar gozando de vários privilégios. Negar aos nossos filhos a experiência de sofrer as conseqüências é causar-lhes prejuízos incríveis.

Pense nisto: quando nossos filhos conseguem empregos de verdade no mundo de verdade e estão por conta própria, se não cumprirem suas responsabilidades, não terão o privilégio de receber o pagamento nem mesmo manter seu emprego. Não é fácil, mas é a realidade — e é um meio importante de mostrar nosso amor pelos filhos. Fazemos um grande favor quando os ajudamos a estabelecer uma conexão crucial entre os privilégios e as responsabilidades — antes que os riscos sejam altos demais e as quedas, muito duras.

CHEGAR A UM ACORDO

Há uma estratégia que ajudou os membros de nossa família a conhecerem o que é possível esperar um do outro, como neutralizar as discussões e viver a maior parte do tempo em paz e harmonia. É uma equação simples que as pessoas usam nos negócios todos os dias, e funciona nas famílias também: C + N = E. Aqui está a essência.

Pegue o exemplo de uma casa à venda. Você tem duas pessoas (comprador e vendedor), ambos com desejos e opiniões. O vendedor comunica seu desejo de receber certa quantia em dinheiro e o comprador comunica seu desejo de pagar uma quantia menor. Depois que cada parte *comunica* o que gostaria que acontecesse, elas *negociam* até chegarem a um meio-termo aceito por ambas e, então, criam certas *expectativas* que colocam por escrito em um contrato e o assinam.

Agora vamos aplicar a mesma estratégia para criar expectativas com uma filha mais velha. Talvez você *comunique* à sua filha algumas coisas que quer que aconteça, tais como uma média 8 no final do semestre e nenhuma cobrança a mais na conta de celular. Então deixa que sua filha *comunique* seus desejos e opiniões. Talvez ela diga que vai tentar manter uma média 8, mas levanta o fato de que suas matérias estão mais difíceis nesse semestre e que uma média 7 pode ser mais realista. Quanto à sua conta de celular, ela a lembra de que seu namorado mora em outro Estado e, como gostam de manter contato, ela estaria disposta a pagar pelos minutos extras que usar. Ambas cedem um pouco em suas posições – *negociam* – e decidem por algumas *expectativas* com as quais podem conviver. Colocar os termos em um papel ou não cabe a você, mas não é má idéia, já que você poderá referir-se a ele mais tarde e sua filha não será capaz de usar a velha desculpa: "Não sabia que eu devia fazer isso".

Considero mais corajoso quem supera seus desejos do que quem conquista os inimigos; a vitória mais difícil é a vitória sobre si mesmo.

– Aristóteles

Se você decidir escrever um contrato simples, talvez possa começar perguntando o que seu filho vê como responsabilidade dele para com você ou para com ele mesmo. Então converse sobre o que é ou não um comportamento aceitável. Também tenha em mente que "conversar" significa apenas isso. Certifique-se de que será uma conversa entre duas pessoas e não um monólogo. Embora haja algumas questões das quais você não pode e não deve arredar pé, observe seu tom de voz. Uma criança (ou um adulto, nesse contexto) sempre receberá melhor uma advertência carinhosa do que uma ordem de um ditador autocrata.

Um tropeço pode evitar a queda.
— Thomas Fuller

Aqui estão alguns pontos que você pode querer adaptar para sua família enquanto desenvolve o próprio conjunto de instruções combinadas para um contrato com um(a) filho(a) mais velho(a):

- Compreendo que meus pais têm a última palavra enquanto estiverem pagando pelo meu sustento.

- Exercitarei a responsabilidade com o meu tempo. Meu bom desempenho na faculdade vem antes dos privilégios, portanto vou freqüentar as aulas e cumprir religiosamente as exigências do meu curso.

- Expressarei minha liberdade com responsabilidade. Tentarei tomar decisões inteligentes.

- Tratarei meu corpo e o corpo das outras pessoas com profundo respeito.

- Concordo em ser verdadeiro em todas as coisas.

- Compreendo que ter meus pertences é um privilégio, não um direito, portanto, tomarei cuidado com os meus objetos e respeitarei a propriedade dos outros também.

A HISTÓRIA DE DUAS FAMÍLIAS

Quero contar as histórias de dois jovens adultos que provavelmente sejam muito parecidos com seus filhos e com os meus. Os erros que cometeram provavelmente sejam do tipo que nossos filhos cometerão – se já não os cometeram – em algum momento. Esses adultos têm pais que os amam tanto quanto você e eu amamos nossos filhos, mas reagiram de maneiras muito diferentes ao que sempre esperamos de um filho em anos de transição. Aprendi uma verdade importante com cada história, e acho que você também aprenderá.

A História de Will

William e Dóris, pais de um filho de 32 anos, Will, me contaram como seu fracasso ao não permanecerem firmes frente às expectativas que estabeleceram para o filho causou muita mágoa para os três, nos anos que se seguiram. Quando Will saiu de casa para fazer faculdade em outra cidade, eles lhe deram um de seus cartões de crédito para certas emergências e despesas com a escola. Ficou entendido que Will procuraria um emprego de meio período próximo do campus para pagar por sua vida social e entretenimento.

Assim como muitos jovens adultos, Will descobriu que um cartão de crédito é uma maneira muito conveniente de pagar pelas coisas e, como a conta ia direto para o endereço dos pais todos os meses, ele não fazia idéia de quanto estava gastando. Depois do primeiro mês de faculdade, a conta revelou um valor de 500 reais em gastos variados. William e Dóris questionaram Will sobre os gastos, mas deixaram o incidente passar com um simples pedido de "vou passar a me controlar".

No mês seguinte, a conta detalhava mais de 700 reais. Eles conversaram com Will sobre arrumar um emprego de meio período, mas ele respondeu que estava muito ocupado com a faculdade e todas as demais atividades (leia-se: festas e viagens de final de semana para a praia). Mês após mês, William preenchia o cheque para a empresa de cartão de crédito, eximindo Will de sua parte no acordo. Ele nunca "segurou os pés de Will contra o fogo", como William colocou. Essa facilidade regular se tornou uma rotina esperada por Will mês após mês, ano após ano.

Durante o último ano de faculdade, os pagamentos se tornaram um peso real e uma ameaça financeira para William e Dóris. Eles tiveram de mergulhar em sua poupança para cobrir os gastos mensais. E até tentaram colocar os pés no chão, dizer não e pôr um fim a esse padrão destrutivo e irresponsável. Ao ser confrontado, Will ficou bravo e cuspiu palavras de ressentimento. Por não serem pessoas que ficam à vontade frente ao conflito, William e Dóris renderam-se às vontades de Will, mais uma vez.

Não aleije seus filhos por lhes tornar a vida fácil.
— Robert A. Heinlein

Dez anos mais tarde, aos trinta e poucos anos, após ter usado o cartão de crédito dos pais até ser cortado por falta de pagamento e estourado o limite dos próprios cartões, Will foi até os pais novamente, agora pedindo dinheiro para pagar o aluguel de seu apartamento – ou seria jogado na rua. Dessa vez, William e Dóris, sabiamente, disseram que trabalhariam para ajudá-lo a resolver a situação, mas somente se ele concordasse em acompanhá-los às sessões com uma terapeuta familiar.

Depois de algumas semanas de terapia, Will começou a pôr na cabeça que devia sair das dívidas e romper com o padrão de gastos irresponsáveis. "Ele ainda não saiu da floresta", concluiu William com compaixão e esperança, "mas está a caminho".

A lição para nós? Mantermo-nos firmes com os filhos logo cedo pode poupar muita dor mais tarde.

A História de Dênis

Em maio passado, Bill e eu recebemos um convite para a formatura de faculdade do filho de uns amigos de longa data. A graduação de Dênis foi uma ocasião especialmente significativa porque muitas pessoas próximas da família se perguntavam se esse jovem rapaz algum dia deixaria das festas para a "pompa e circunstância". Quando era calouro, os pais de Dênis o mandaram em um lindo carro para uma universidade renomada, em outro Estado, onde ele logo decidiu que beber era mais divertido do que estudar. No final do primeiro semestre, tinha perdido o carro e sido expulso da faculdade.

Só viu metade do universo quem não conheceu a casa da dor.
– Ralph Waldo Emerson

Claro que os pais de Dênis não ficaram felizes – para dizer o mínimo. Todas as mensalidades de um semestre foram por água abaixo porque o filho não levou a faculdade a sério; além do mais, o rapaz foi um motorista irresponsável no que poderia ter sido um acidente fatal. Como resposta, aqui está o que os pais de Dênis fizeram.

Primeiro, expressaram seu amor incondicional por Dênis, mas explicaram que querer o que era melhor para ele significava ajudá-lo a aprender as lições de suas escolhas. Segundo, levaram-no de volta para casa para viver com eles, arranjar um trabalho pesado, para, assim, pagar por todas as mensalidades que desperdiçou. Todo dinheiro que sobrasse, ele devia guardar para começar a pagar por outro carro.

Duro demais?

Vamos avançar para o começo do outro ano. Depois de 8 meses, Dênis tinha devolvido aos pais as mensalidades desperdiçadas e ainda economizado para dar entrada em outro carro (bem menos interessante do que aquele que os pais o haviam presenteado) e voltar para a faculdade. Então – agarre-se à sua cadeira para não cair, a história é verdadeira –, os pais lhe deram, de uma só vez, todo o dinheiro que tinham economizado durante anos para mandá-lo para a faculdade. (Eu diria que isso foi muito arriscado.) Disseram a Dênis que esperavam que ele usasse aquela quantia para sua educação, mas cabia a ele fazer o que quisesse. Se gastasse com qualquer coisa que não a faculdade, era a escolha dele. E, se ficasse sem dinheiro, que pena! Teria de se virar sozinho.

> *O fracasso é a ferramenta de Deus para entalhar alguns dos traços mais finos da personalidade de seus filhos.*
> — Thomas Hodgkin

Depois de 8 meses de trabalho árduo, sem carro e longe dos amigos da faculdade, esse jovem rapaz evidentemente aprendeu uma boa lição. A vida assumiu nova perspectiva. A realidade entrou em cena. Por iniciativa própria, ele arranjou um emprego de meio período perto do campus, investiu parte do dinheiro que recebeu no mercado de ações (que estava melhor alguns anos atrás) para aumentar o valor e acabou se graduando com honra.

Esse casal lidou com os erros do filho com sabedoria. Eles o amavam, mas deixaram-no vivenciar as conseqüências reais de suas péssimas escolhas. Muitas vezes, ser um vencedor significa aprender lições importantes com as derrotas.

> *Se não nos disciplinarmos, o mundo o fará por nós.*
> — William Feather

SITUAÇÕES SÉRIAS

Quando nossos filhos estão aprendendo a andar, estamos prontos para entrar em ação imediatamente se eles correrem para a rua. Mas o que devemos fazer se virmos um filho adulto em uma situação perigosa ou que ameace sua vida, tal como a dependência de drogas ou álcool, depressão prolongada, ou convivência com um parceiro agressivo? Se nossos filhos pedirem ajuda é uma coisa. Mas, e se não pedirem ajuda ou até mesmo nos mandarem ficar fora das suas vidas?

Se um filho adulto tem um problema que você acredita estar ameaçando sua vida, procure ajuda – *agora*. Reconheça que você não pode resolver os problemas do seu filho e que, se tentar arcar com toda a responsabilidade dessa ajuda sozinho, somente piorará as coisas. Pegue o telefone e ligue para a igreja ou sinagoga local ou ainda para alguma instituição e pergunte sobre formas de ajuda. Encontre as linhas diretas, hospitais, oficiais da polícia, grupos de apoio, médicos e pessoas com especialização no problema com o qual você está lidando.

Procure ajuda imediata se qualquer um dos itens a seguir descrever seu filho adulto:

- Conversar sobre morte, suicídio, falta de esperança ou dizer que a vida parece insuportável.
- Conversar sobre matar ou machucar alguém.
- Mostrar depressão severa – chorar, não comer, dormir ou machucar-se; negligenciar atividades normais; agir de maneira letárgica sem comunicação.
- Exibir ferimentos sem explicação, hematomas ou ossos quebrados.
- Maltratar ou ignorar as necessidades básicas de um cônjuge ou filho.
- Revelar um consumo perigoso de drogas ou álcool.

A liberdade não é apenas a ausência de restrições externas. É também a ausência de compulsão interna irresistível, paixões descontroladas e apetites não-censurados. Da necessidade de resistir, controlar e censurar as paixões flui a de fazê-lo em benefício de alguns fins em detrimento de outros. Portanto, a liberdade exige escolhas bem pensadas na vida.

– George Will

QUEM VAI DAR AS ORDENS?

Vamos encarar os fatos: durante muitos anos nas vidas das nossas crianças, sempre dávamos as ordens (ou pelo menos a maior parte do tempo). Nós as protegíamos dos ferimentos e da decepção, tomando boas decisões por elas: "Não corra perto da piscina!", "Não atravesse a rua sem mim!", "Não passe a mão em todo cachorro que encontrar – um deles pode ser perigoso!" É um hábito duro de abandonar. Talvez o trabalho mais difícil de todos os pais de um jovem adulto em transmissão da dependência para a independência seja saber como reagir e ajudar um filho a aprender com seus erros ao longo do caminho.

Conforme começa a permitir que seu filho decida mais por si só, você está fazendo mais do que facilitar seu trabalho de pai. Está expressando sua fé em seu filho, o que avança quilômetros na direção de torná-lo um adulto confiante e inteligente. Aprender a deixar os filhos crescerem e expressarem sua atitude adulta – e enfrentarem as conseqüências das escolhas infantis – é um investimento que se pagará ao longo dos anos. Como sempre, a comunicação é a chave, e o amor é que iluminará o caminho.

Ao preparar seus filhos para se lançarem na galáxia da faculdade, dos empregos, do casamento e da paternidade, tenha em mente que seus esforços para tornar a entrada deles suave devem combinar com a disposição de seus filhos de receber conselhos. A maioria ouvirá mais do que demonstra; e muitos agradecerão além das palavras, quando perceberem como o mundo real pode ser difícil. Mantenha o fogo da afeição queimando, e deixe seus filhos voarem; esse é o momento que você esteve esperando e batalhando para acontecer. Boa viagem!

3
Conserte as Cercas Quebradas e Ame de Maneira a Fazer Diferença

Amar os outros não é suficiente! De algum modo, devemos fazê-los sentir esse amor, porque o único tipo de amor que podemos usar é o amor que podemos sentir.

– David Jeremiah

No filme *Dança com Lobos*, o tenente John Dunbar chega até uma carroça queimada nas planícies com o esqueleto de um pioneiro deitado ao lado. Seu companheiro de viagem comenta: "Alguém do Leste deve estar pensando: Por que será que ele não escreve?" Como a comunicação escrita está fora de moda, a maioria dos pais de hoje não está esperando por uma carta, mas eu conheço muitas mães e muitos pais que se perguntam: "Por que será que ele não liga?"

Os motivos são tão variados quanto nossas crianças, porém, a maior causa da falta de comunicação pode simplesmente ser a mágoa. Por mais que trabalhemos para sermos bons pais, todos nós, sem exceção, falhamos em um momento ou outro. É possível que uma de nossas falhas provoque uma dor tão grande que venha a causar uma ruptura na relação com nossos filhos.

As boas novas são que quase toda ruptura pode ser consertada. Se você sabe por que e quais questões significativas se estendem por anos, causando desentendimentos entre vocês, ou até mesmo sente que seu relacionamento está bom, mas ainda falta a troca de afeto espontânea com seus filhos, você pode dar alguns passos para iniciar o trabalho de reparos necessários a fim de que as coisas fluam novamente.

Crianças pequenas perturbam seu sono; crianças grandes perturbam sua vida.

– Provérbio iídiche

TRÊS FERRAMENTAS PARA CONSERTAR OS RELACIONAMENTOS

1. Tome a Iniciativa

Mesmo que você tenha o que parece ser um bom relacionamento com seus filhos mais velhos, pode ser saudável perguntar se eles carregam feridas do passado. Com freqüência, magoamos nossos filhos sem saber, e talvez eles carreguem algumas cicatrizes até a fase adulta. Pode ter sido alguma coisa que fizemos ou mesmo que deixamos de fazer. Seja qual for o caso, não queremos que eles carreguem pesos desnecessários na vida, não é mesmo?

Em um Dia de Ação de Graças, estávamos todos juntos no feriado e meu marido tocou nesse assunto com nossos filhos. Ele fez isso em uma conversa durante o jantar, no final de uma discussão sobre nossos sonhos e aspirações pessoais. Simplesmente ele disse aos meninos que um de seus sonhos era que continuássemos a ser uma família unida por muitos e muitos anos, e se nós (os pais) os tivéssemos magoado de alguma forma que ainda não fora resolvida, ele não queria que isso os atrapalhasse nem esfriasse nossa relação.

As reações dos meninos na mesa de jantar foram como um alívio. "Pai, lembro de quando eu tinha 6 anos e você não me deixou colocar outra colher de açúcar no meu cereal e me obrigou a comer do mesmo jeito... Eu quase vomitei." "Mãe, não dá para acreditar como você é muito mais molenga com o James; ele se safa de coisas que eu nunca consegui me safar." Esse desabafo foi mais na brincadeira. Porém, em momentos mais privativos, meus filhos já haviam compartilhado algumas mágoas que ainda traziam guardadas. Nessas ocasiões, ouvimos, em vez de nos defender, conversamos sobre as circunstâncias que cercavam o momento e pedimos seu perdão.

2. Assuma a Responsabilidade

Como membro mais velho e presumidamente mais sábio da família, você deve ter sua parte de mágoa, por menor que possa parecer. Possivelmente, seu filho ou filha nunca serão capazes de assumir a responsabilidade deles até que você assuma a sua.

Aqui estão algumas dicas para enfrentar o conflito com um filho mais velho de forma tal que diga: "Estou pronto para ouvir e admitir minha parte".

- Não faça suposições sobre pensamentos ou emoções de seu filho. Faça perguntas para obter informações precisas.
- Tenha certeza de que está falando menos do que seu filho.
- Mantenha o contato visual durante a conversa.
- Não seja um juiz; seja um amigo compassivo.
- Não lide com mais de um problema por vez. Deixe os conflitos anteriores para outras conversas.
- Deixe que seu filho use o tempo de que precisar. Não o apresse.
- Evite as palavras *sempre* e *nunca*. As acusações só colocam as pessoas na defensiva.
- Gaste mais energia ouvindo o que seu filho está realmente dizendo do que garantindo que seu filho o escute.
- Mantenha o foco no comportamento do rapaz; não comece com os xingamentos, ataques ao seu caráter ou acusações.

- Se estiver confuso, diga como se sente.
- Não acuse ao iniciar frases com "Você..." Em vez disso, descreva seus sentimentos com "Eu..."
- De tempos em tempos, repita o que seu filho está dizendo para assegurar que você o ouviu: "Então você ficou magoado quando isso aconteceu".
- Deixe que seus filhos expressem seus sentimentos e não os condene, mesmo se parecerem insensatos para você.
- Não espere que seu filho reaja aos conflitos do mesmo modo que você. Não existe o "normal" aqui.
- Seja sensível aos sentimentos por trás das palavras.
- Se a raiva estiver perto do ponto de ebulição, faça uma pausa de alguns minutos antes de continuar a conversa.
- Lembre-se de que seu objetivo é chegar a um entendimento, não "vencer" a discussão.
- Demonstre respeito: nada de revirar os olhos, suspirar ou dar de ombros.
- Considere sua parte do conflito e quais as ações que *você* pode assumir para resolvê-lo.

3. Peça Perdão

Se perceber que magoou seus filhos com alguma coisa que fez ou deixou de fazer, comece a consertar, pedindo perdão pelo erro que cometeu – tenha sido intencional ou não.

E, se ao considerar, não puder encontrar falhas de sua parte, então peça misericórdia, pois essa deve ser a ilusão mais perigosa.
– C. S. Lewis

Nós, em casa, praticamos essa admissão aberta de erros e confissão um ao outro e aos nossos filhos há quase 30 anos e sabemos do seu impacto positivo. Uma confissão humilde e irrestrita da ofensa é poderosa em qualquer relacionamento. Aqui estão algumas coisas que aprendemos sobre pedir perdão.

Encontre o momento certo. A escolha do tempo é crucial. Garanta que tenha tempo suficiente para falar sem interrupção e em particular. Deixe algum tempo para que a outra pessoa reflita e reaja, compartilhando sua mágoa.

É preciso ser incondicional. Evite a palavra *se*. Não diga: "*Se* eu te magoei..." ou "*Se* fiz isso..." Não misture a acusação com sua confissão. Isso é difícil, porque toda ofensa tem um contexto. Você pode ter sido provocado, mas essa não é a questão. Focalize a sua parte da ofensa mesmo que tenha sido apenas 10% da história. Simplesmente diga: "Eu fiz *isso*. Eu estava errado e peço desculpas. Você pode me perdoar?" Então espere pela reação.

Esteja preparado para uma reação negativa. Abrir uma velha ferida é sempre doloroso, então esteja preparado, a princípio, para uma reação que você não deseja. Não fique bravo – ou revelará que na verdade não sentia que estava errado, para começo de conversa. O perdão nunca é algo que merecemos, é algo que outra pessoa graciosamente nos oferece.

As pessoas que combatem o fogo com fogo geralmente acabam com as cinzas.
— Abigail Van Buren

Ofereça-se para fazer o certo. Muito do que fazemos aos nossos filhos de maneira inocente ou intencional são coisas que não podem ser desfeitas. Seu desejo de fazer o que for necessário para consertar as coisas, seja tentando se reconciliar com outros membros da família, seja apenas demonstrando sua vontade de mudar com o tempo, pode ser o que os levará a perdoá-lo.

Não espere que seu filho mude. Certifique-se de que não exigirá que o comportamento de seu filho ou filha mude em relação a você. Talvez ele ou ela precise de tempo para ver que você, que causou a dor, mudou. O perdão não significa que você automaticamente já pode voltar ao lugar que antes ocupava na vida dele. Por exemplo: se violou sua confiança, o perdão não significa que ela foi restaurada. A confiança é construída aos poucos, e você deve mostrar à outra pessoa, para começo de conversa, que é digno de confiança mais uma vez e que resolveu as questões internas que fizeram de você uma pessoa indigna.

Quem não quer ser orientado não pode ser ajudado.
– Benjamin Franklin

Procure orientação para as questões que não consegue resolver. Às vezes, especialmente com a família, os relacionamentos que azedaram com o tempo são quase impossíveis de reavivar sem ajuda profissional. Se você chegou a esse ponto, pelo bem da maioria dos relacionamentos importantes na sua vida, procure ajuda de um terapeuta familiar. Idealmente, os dois lados devem ir, mas, se seu filho ou filha se recusar, assuma a responsabilidade de obter toda a ajuda que puder.

COMEÇAR DE NOVO: FAZER DA COMUNICAÇÃO UMA PRIORIDADE

Depois que começou a reconstruir suas pontes com seu filho ou filha, alguns novos métodos de permanecer – ou entrar – em contato são estabelecidos. Para manter seu relacionamento renovado no caminho certo, considere estas sugestões.

Faça de Acordo com os Termos Deles

É importante que os pais estabeleçam a comunicação no nível do filho ou da filha. É nossa missão ter uma comunicação de modo a fazer com que queiram manter contato, isto é, de acordo com os padrões deles e não com os nossos. Uma das maneiras é usando o e-mail. Esse é um método tranqüilo e fácil de comunicação para os nossos filhos, então é esse que nós aqui mais usamos. Bill e eu nos comunicamos quase todos dias com nossos filhos por e-mail. Fazemos perguntas e transmitimos informações, piadas e sabedoria um para o outro.

A primeira tarefa do amor é ouvir.
— Paul Tillich

Uma das minhas neuras em relação a muitas mães mais velhas que encontro é que elas não querem aprender a usar o computador – uma parte central da vida do jovem adulto. Talvez nossos filhos mantivessem mais contato conosco se pudéssemos nos comunicar da mesma maneira que eles. A relutância das mães me faz lembrar como minha avó fazia questão de ignorar os automóveis quando foram disponibilizados para as massas. Quantas vezes mais poderíamos tê-la visto se ela pudesse dirigir para nos visitar?

É Preciso Ser sobre Eles, Não sobre Nós

Todos nós temos muita sabedoria para transmitir aos nossos filhos e filhas, mas, se eles sentirem que a conversa é mais sobre nós do que sobre eles, provavelmente começarão a evitar a comunicação conosco. Um jovem que conheço costumava evitar as ligações do pai porque a experiência era muito vazia para ele. O rapaz estava passando por um problema financeiro significativo. A princípio ele gostava das ligações freqüentes do pai, mas logo ficou evidente por que o pai estava telefonando. Ele estava ansioso pelo filho e esperava ter boas notícias para sentir-se melhor. Telefonava para aliviar a própria ansiedade, não para ajudar o rapaz. As ligações se transformavam em sessões nas quais o pai bombardeava o filho com perguntas que ele não podia responder, levando-o a se sentir ainda mais atolado em problemas do que antes da ligação.

> *O baixo amor-próprio do pai deseja que o filho repita sua personalidade e destino... Eu sofro sempre que vejo a cena, comum, de um pai ou de um idoso impor sua opinião, sua maneira de pensar e de ser a uma jovem alma para a qual esses padrões não se encaixam. Será que não podemos deixar que as pessoas sejam elas mesmas e aproveitem a vida à própria maneira? Você está tentando criar outro você. Um já é suficiente.*
>
> – Ralph Waldo Emerson

Quando nossos filhos estão atravessando um momento difícil, precisamos ouvir, encorajar e dar bons conselhos – de maneira comedida e somente quando pedidos. Acima de tudo, eles precisam saber que acreditamos neles, não sentir nossa preocupação com seu futuro.

Observem as Negativas

Se for possível, tente lidar com assuntos negativos frente a frente. A comunicação não requer apenas palavras, mas também o tom de voz e a linguagem corporal. Curiosamente, palavras solitárias contribuem apenas para 7% da comunicação total; é por isso que as cartas e especialmente os e-mails sucintos são tão facilmente mal entendidos. Em uma conversa por telefone você adiciona o tom de voz, que contribui com 38% do entendimento, mas, se não estiver frente a frente, perderá 55% do que quer comunicar para alguém. Quando estiver conversando sobre algo difícil, é preciso que tudo esteja trabalhando para uma comunicação efetiva.

> Meu marido e eu temos identificação de chamada no telefone. Dessa maneira, sabemos quando os pais dele estão telefonando. Sei que parece loucura, mas só queremos conversar com eles quando nos sentimos emocionalmente preparados para isso. Meus sogros estão sempre dando conselhos que não pedimos e nos criticando por qualquer coisa. Não ligamos muito para eles pelo mesmo motivo. É triste. Sei que

poderíamos aprender muito com os dois e, quando tivermos filhos, claro que vou querer que passem bastante tempo com os avós. Só gostaria que meus sogros fossem mais positivos e encorajadores. Acho que não é pedir demais.

– Beth, 26 anos

Reserve Algum Tempo para a Cura

Depois de suas tentativas sinceras de corrigir os erros que cometeu, se seu filho ainda estiver relutante em falar com você com freqüência ou abertamente, não assuma que falhou ou que o relacionamento não tem esperanças. Os seres humanos precisam de muito tempo para processar informações e sentimentos. Talvez seja preciso semanas ou meses para que seu filho se sinta "seguro" o suficiente para desenvolver uma nova relação com você. Dê a ele o tempo de que precisa; não o apresse, não exija nem sinta raiva. Com o passar do tempo, conforme for demonstrando seu amor consistente, suas ações falarão por si.

O homem não vive somente das palavras, apesar do fato de, às vezes, precisar engoli-las.

– Adlai Stevenson

Lembre-se de que o privilégio de um relacionamento forte com seu filho é algo que só ele pode escolher dar – ou não. Não é possível forçar sentimentos de amizade, mas siga fazendo a sua parte e respeite o tempo de que seu filho precisa para avaliar suas intenções.

QUE LINGUAGEM DO AMOR VOCÊ FALA?

Quer seu relacionamento com seu filho adulto seja tenso, quer seja tranqüilo, você ainda pode precisar de uma reciclagem na maneira com a qual comunica seu amor com eficiência. Anos atrás, Bill e eu lemos o livro *As Cinco Linguagens do Amor*, do Dr. Gary Chapman, e ficamos surpresos ao saber que nem todos sentem o amor da mesma maneira. O que aquece o coração de uma pessoa não necessariamente fará o mesmo em outra: o amor não é uma emoção em "tamanho único". De acordo com o Dr. Chapman, cada um tem uma linguagem primária que comunica de modo especial seu amor para alguém. Seu filho se sentirá mais amado por um destes meios: ouvindo palavras de afirmação, recebendo presentes ou favores, passando um tempo de qualidade com você ou sentindo seu toque físico. Portanto, seu filho pode não sentir o seu amor, caso você o esteja expressando em uma linguagem que ele não entende.

[Amor] dá e recebe, e, ao dar, ele recebe.
– Thomas Merton

É *tarefa* dos pais conhecer as linguagens primárias do amor, não importa a idade dos seus filhos, e entregar afeição nessa linguagem. Observe suas crianças. Observe como elas expressam amor aos outros. Essa é uma dica de sua linguagem do amor. Anote as coisas que seus filhos pedem a você. Muitas vezes seus pedidos estarão relacionados com a manutenção da própria linguagem do amor. Observe o que eles apreciam mais. Essas manifestações também são possíveis indicadores de sua linguagem primária do amor.

Ainda não conheci nenhum pai que não amasse seus filhos sinceramente, mas conheci milhares de pais que fracassaram ao comunicar seu amor na própria linguagem, e então seus filhos têm tanques emocionais vazios. Felizmente, nunca é tarde demais para expressar o amor de maneira a causar uma impressão duradoura nos filhos.

COMO OS JOVENS ADULTOS SE SENTEM AMADOS

Diz-se que não conhecemos o amor que nossos pais têm por nós até termos nossos filhos. Talvez possamos melhorar isso enquanto pais – e realmente mostrar o amor que sentimos de um jeito que nossos jovens adultos possam entender antes de gerar a própria prole. Aqui está como 50 jovens adultos responderam à pergunta: "Agora que você é um adulto, o que seus pais fazem para que se sinta amado?"

1. No momento em que passei a trabalhar no mesmo mundo que meu pai, gostei do fato de ele nunca me chamar pelo meu apelido.
2. Meus pais me deram um bom exemplo de como um casamento por amor funciona.
3. Apesar de não gostar disso o tempo todo, fico feliz pelos meus pais terem me ensinado a fazer algumas tarefas domésticas, pois agora consigo me virar sozinho para limpar meu apartamento.
4. Meus pais cuidam do nosso filho uma vez por semana para que meu marido e eu possamos sair juntos.
5. Minha mãe me deixa explicar meu ponto de vista sem me criticar.
6. Meus pais não me forçam a arrumar um emprego com um salário melhor. Eles entendem que é realmente importante que eu goste do meu.
7. Minha mãe deixou meu quarto do jeito que estava quando fui para a faculdade.
8. Quando me formei na faculdade, meu pai me escreveu uma carta dizendo o quanto me amava e acreditava no meu futuro. Guardo essa carta até hoje.
9. Quando eu estava no ensino médio, meu pai começou a me levar para uma viagem de pescaria uma vez por ano. Agora tenho 30 anos e ainda fazemos isso.
10. Minha mãe contratou uma faxineira para limpar meu apartamento uma vez por mês. Ela sabe que estou realmente

ocupada no trabalho e não tenho tempo para isso. É um presente simples que significa muito para mim.

11. Quando vou à casa dos meus pais para visitá-los, minha mãe sempre prepara muita coisa gostosa e me encoraja a convidar meus velhos amigos para uma reunião. Com isso, ela me ajuda a manter os relacionamentos com as pessoas com quem passei minha infância e adolescência e das quais ainda gosto.

12. Meus pais não sustentam minha família, mas dispuseram-se a pagar cursos extras para os meus filhos, como aulas de piano e informática.

13. Meus irmãos e irmãs estão espalhados pelo país. Meus pais se esforçam muito para ter certeza de que mantenhamos contato. Eles montaram um site para a família pelo qual podemos acompanhar a vida de cada um e enviar fotos.

14. Quando me casei, meu pai me deu algumas boas dicas sobre sexo. Acho que seus conselhos ajudaram a mim e à minha esposa a evitar alguns problemas nessa área.

15. Quando decidi seguir um caminho profissional diferente daquele que meu pai queria para mim, ele me deu sua bênção na mesma hora.

16. Meus pais alugam uma grande casa na praia todo verão e nos convidam, e também a família da minha irmã, para passarmos uma semana lá, todos juntos.

17. Minha mãe aprendeu a mandar e-mails para que pudéssemos "conversar" todos os dias.

18. Meus pais são ótimos ouvintes. Eles arrumam tempo para ouvir minhas idéias e dar sábios conselhos.

19. Gosto de ouvir dos amigos dos meus pais que eles disseram coisas legais sobre mim.

20. Meus pais nos dão presentes muito bem pensados no Natal. Além de coisas que estão na nossa lista, também observam durante o ano todo para saber de verdade o que gostaríamos de ter.

21. Meus pais deixam o passado no passado. Nunca retomam os momentos em que os decepcionamos.

22. Minha mãe separou um armário cheio de fantasias na casa dela para os meus filhos. Eles adoram ir até lá para brincarem de se fantasiar.

23. Meu pai coloca uma nota de 50 reais na minha mão toda vez que saio da casa dele.

24. Meus pais fazem minha esposa se sentir amada.

25. Quando minha mãe vem ficar um tempo na nossa casa, ela cozinha um monte de coisas e coloca tudo no *freezer*. Essa é uma ajuda e tanto para mim.

26. Eu podia ter mandado minhas coisas pela transportadora, mas meus pais alugaram um caminhão e dirigiram 2 mil quilômetros quando fui para a faculdade em outro Estado.

27. Quando meu pai vem me visitar, ele me ajuda com coisas que precisam de conserto na casa.

28. Meus pais não me deixam esquecer que rezam por mim todos os dias.

29. Quando minha esposa e eu temos de decidir com qual família vamos passar as festas de Natal e fim de ano, meus pais me dizem para fazer o que é melhor para nós. Não nos pressionam para passarmos com eles.

30. Quando me formei na faculdade, meu pai me ajudou a organizar um orçamento e instalar um software de contabilidade no meu computador.

31. Meu pai é um bom exemplo para mim sobre o que significa ser um empresário de sucesso e honesto ao mesmo tempo.

32. Meus pais me apoiaram bastante durante um período muito difícil da minha vida. Tomei algumas péssimas decisões que sei que os decepcionaram, mas nunca duvidei do seu amor.

33. Como estou estudando em outra cidade, minha mãe manda cartas carinhosas para mim toda semana.

34. Meu pai me trata mais como um colega do que como filho.

35. Meus pais não insistem para que eu me case. Ainda não estou pronta.

36. Meus pais arrumaram um número 0800 para que meu irmão e eu pudéssemos ligar para casa a qualquer hora que quiséssemos.

37. Quando voltei para casa, minha mãe fez massagem nos meus pés, como fazia no meu tempo de criança.

38. Depois do divórcio, meus pais nunca falaram nada negativo um do outro na minha frente, nem na frente da minha irmã.

39. Apesar de minha mãe ter se casado novamente, ela entende meu desejo de ver meu pai.

40. Meus pais pagaram minha consulta com um terapeuta antes do meu divórcio.

41. Meu pai aponta as coisas que estou fazendo certo.

42. Cada vez que ligo para casa, meus pais me dizem que sentem orgulho de mim.

43. Meus pais incutiram em mim uma ética muito forte no trabalho.

44. Meus pais me encorajaram a guardar meu corpo para a mulher com quem viesse a me casar. Houve muitos momentos em que não quis fazer isso, mas fico feliz por tê-lo feito.

45. Minha mãe e meu pai não interferem quando tenho de disciplinar meu filho.

46. Meus pais são divertidos. Acho que não dei valor para isso até que comecei a ouvir histórias de colegas sobre como odiavam ir para casa.

47. Minha mãe pára o que estiver fazendo e olha nos meus olhos quando estou conversando com ela.

48. Meus pais foram além dos seus limites para amar e aceitar minha nova esposa e os filhos de seu primeiro casamento.

49. Meu pai me ajuda a arrumar o carro quando vou para casa.

50. Meus pais não me deixam esquecer que me amam, dizendo-me sempre palavras de otimismo. Isso significa muito para mim.

MOSTRAR CONFIANÇA PODE DEMONSTRAR AMOR

Dar a um filho adulto um trabalho ou uma responsabilidade que mostre sua confiança nele pode traduzir-se em demonstração do seu amor na mente de alguns deles. Pode ser algo tão pequeno quanto pedir que seu filho fale em uma reunião do condomínio, ou pode ser algo grande – como o que minha mãe fez quando eu tinha 25 anos e minha irmã 21. Minha mãe era dona de algumas lojas de varejo e viajava para Nova York e Dallas cinco vezes por ano para fazer compras. Antes de uma de suas viagens, ela precisou passar por uma cirurgia de emergência. Minha irmã e eu, então, fomos designadas por ela para adquirir a nova coleção primavera-verão para as suas lojas. Isso significava que gastaríamos muito dinheiro e teríamos de tomar decisões importantes sobre estilos, cores e tamanhos da nova tendência. Em vez de me sentir sobrecarregada com a responsabilidade, senti-me como um gigante. Só o fato de a Mamãe ter nos confiado algo tão importante significava o mundo. Trabalhamos arduamente, fizemos nosso melhor, e, claro, tomamos as decisões necessárias – algumas boas e outras ruins. Ao olhar para trás, as compras que minha irmã e eu fizemos provavelmente saíram muito mais caras do que deveriam; afinal, muitas mercadorias mal escolhidas encalharam, mas Mamãe nunca reclamou de nada nem nos criticou. E isso, definitivamente, aprimorou meu relacionamento com ela, bem como minha confiança em mim mesma.

AMAR PODE SER DIFÍCIL

Claro que há momentos em que os filhos podem ser extremamente detestáveis, e amá-los se torna doloroso. Talvez a questão sejam os problemas repetidos de um filho com a lei, a decepção pessoal que você sente quando seu filho claramente realiza menos do que é capaz, ou apenas uma frieza entre você e seu filho mais velho que esgota suas energias cada vez que conversam. Aqui estão cinco princípios para desobstruir linhas de comunicação bloqueadas – e restabelecer a linguagem do amor – com seu filho, não importa o grau de dificuldade do problema.

1. Reaja com Cautela em vez de Reagir com Emoção

Esteja ciente de que cada situação nos apresenta uma escolha que pode aprimorar ou inibir a comunicação positiva. De certo modo, cada encontro é um momento determinante, porque os relacionamentos nunca são estáticos; eles são dinâmicos e se movem em uma direção saudável ou destrutiva. Sábios de todas as épocas disseram: "Somos o produto de nossas escolhas, não de nossas circunstâncias". Seja como você o coloque, é importante perceber que temos escolhas sobre como nos relacionamos com nossos filhos – mesmo quando eles se relacionam mal conosco – e que essas escolhas têm efeitos.

> *As muitas águas não puderam extinguir o amor, nem os rios terão força para o submergir.*
> – Cântico dos Cânticos 8:7

Por exemplo: quando um filho diz que vai abandonar seu emprego muito bem remunerado (que ele conseguiu como resultado da educação cara que você pagou), comprar um furgão e viajar mundo afora para "encontrar a si mesmo", respire fundo para colocar a emoção de lado. Pense no que você gostaria e precisaria ouvir de um pai se estivesse na mesma situação.

2. Mantenha Tudo em Perspectiva

Ver as coisas fora de proporção pode acontecer facilmente e sem intenção, resultando em um conflito maior do que necessário. Como muitas outras mães que conheço, tenho uma máquina de ampliação na minha cabeça. (Embora não se possa encontrar uma foto dessa máquina nos livros médicos, ela existe.) Essa máquina opera em todas as horas do dia, mas parece ser mais ativa à noite. É nessa hora que fico acordada, revisando as situações – como um comentário mal recebido sobre uma refeição que preparei, por exemplo. Então, com a ajuda da minha máquina, transformo o ocorrido bastante insignificante em uma cena de novela: "Nunca mais vou cozinhar. Ninguém dá valor para o tempo que passo como escrava na cozinha. Eles vão ver se vou convidar seus amigos para jantar de novo."

Quando a máquina de ampliação está em funcionamento, a última coisa que pensamos em fazer é agir de maneira calma e criativa para descobrir qual prato é do agrado de todos, ou para sugerir um trabalho em equipe na cozinha para que as pessoas possam dar sugestões ou mesmo ajudar na preparação de algo em especial, mesmo que seja uma simples omelete. O fato é que temos o poder de escolher como ver e agir frente aos comentários mal recebidos e coisas parecidas.

> *A mente é seu lugar, e em si mesma pode fazer um paraíso no inferno, ou um inferno no paraíso.*
> — John Milton

Uma vantagem de envelhecer é a sabedoria que vem somente com os anos. Quando eu era uma jovem mãe, lembro-me de gostar da minha capacidade de lidar com a vida até a linha Plimsoll do navio. (Essa é a linha de carga marcada no casco do navio para mostrar até que profundidade ele pode ser carregado.) Em alguns dias os menores incidentes disparavam a máquina de ampliação na minha mente, o que me fazia sentir como se estivesse sobrecarregada e afundando rapidamente. Durante anos, não percebi que tinha o poder de escolher como reagir.

> *Quanto mais velha fico, mais percebo o pouco controle que tenho sobre as circunstâncias da vida – e sobre as outras pessoas. Porém, realmente tenho controle sobre o que escolho enfatizar, e isso afeta em muito minha atitude e minha capacidade de resolver o problema.*
> — Phyllis, 64 anos

Com a idade vêm a experiência e a perspectiva. Não posso dizer que minha máquina de ampliação esteja fora de uso por completo, mas, definitivamente, não parece estar tão ativa quanto antes. Coisas que anos atrás pareciam verdadeiras montanhas, agora mais lembram colinas. Ao lado de questões realmente críticas da vida, fica mais fácil ver como os pequenos incidentes que me fazem sentir mal se tornam insignificantes. E daí se não senti que fui valorizada por fazer o jantar? Pelo menos estamos comendo, e comendo bem em comparação à maioria do mundo. No momento certo, trarei o assunto à tona de uma maneira não emocional e conversarei sobre a importância de valorizar o que fazemos um pelo outro.

3. Pense no Melhor

Em muitos países, cumpre-se uma lei que declara que uma pessoa é inocente até que se prove o contrário. Essa também é uma boa estratégia em família. Se meus horários estão lotados e acabo pedindo para que um dos garotos faça algo que, depois, ele vem a esquecer, imediatamente posso imaginar que ele não se importa com nada, que é um irresponsável e que fui uma péssima mãe na sua educação. Isso pode se transformar em raiva por ele não me valorizar por tudo que lhe fiz, e as emoções descem em uma espiral a partir daí.

Tudo o que é verdadeiro, tudo o que é respeitável, tudo o que é justo, tudo o que é puro, tudo o que é amável, tudo o que é de boa fama, se alguma virtude há e se algum louvor existe, seja isso o que ocupe o vosso pensamento.
— Filipenses 4:8

Tudo o que realmente preciso fazer é começar a pensar o melhor dele e perguntar se algo aconteceu para impedi-lo de cumprir sua tarefa. Talvez o carro tenha quebrado ou simplesmente ele tenha se esquecido. De qualquer modo, ficar com raiva não leva a nada, além da destruição; isso só causa uma explosão da qual todos nós temos, um dia, de nos recuperar.

Não dói ser otimista. Você pode sempre chorar depois.
— Lucimar Santos de Lima

Em um exemplo mais dramático, uma amiga me contou sobre a vez em que sua filha de 19 anos veio para casa depois da faculdade e não se sentia bem. Ela, então, levou-a ao médico. No consultório, fizeram um exame de gravidez de rotina, que deu positivo. A filha jurou para a mãe que não tinha tido relações sexuais com o namorado e não podia estar grávida. A sábia mãe decidiu acreditar no melhor da filha e disse ao médico que o exame devia estar errado porque a filha alegava isso. Ela arriscou parecer tola e ingênua, mas pediu que o médico refizesse o exame, e adivinhe! O primeiro tinha apresentado um resultado positivo falso.

A coragem dessa mãe e seu compromisso com a filha ajudaram a solidificar o relacionamento entre as duas. Acreditar em alguém que amamos mantém a comunicação livre e clara.

4. Encare a Verdade

Apesar de querermos pensar o melhor dos nossos filhos, há momentos em que devemos admitir o pior. E, nessas ocasiões, o problema pode parecer tão pesado que nos fechamos e nos recusamos a lidar com ele, dizendo: "Se disser que não é um problema, então não será" ou "Tudo vai desaparecer se eu ignorá-lo". O problema é que, quando vivemos em negação, criamos ainda mais negação.

A pessoa mais fácil de enganar é você mesmo.
— Edward Bulwer-Lytton

Por exemplo: o empregador da sua filha telefona (o número de emergência na agenda dele) para perguntar se você sabe por que ela não tem ido trabalhar nas últimas duas semanas. Você teme que ela tenha voltado a beber. Olhar para o outro lado ou esperar que a situação se resolva por si só é pedir por um passe de mágica. Essa situação exige uma reação amorosa, porém firme. Lembre-a de que a ama incondicionalmente, mas que não aprova seu comportamento. Permita que as conseqüências naturais corram em sua direção. Não a "poupe", ligando para o chefe dela e inventando uma história sobre por que ela faltou no trabalho. Ajude-a a entrar em contato com um terapeuta ou reunião do AA da vizinhança, que tem mais experiência no tratamento de alcoolismo. Esteja disponível se for necessária a sua presença no tratamento.

Ou talvez você esteja preocupada com os amigos com quem seu filho anda saindo ou com o homem com quem sua filha se casou por capricho. Leve sua intuição a sério. Seja esperta. Observe os sinais de alerta para pouca saúde física e mental, além dos sinais de abuso ou negligência: perda de peso, problemas alimentares ou com o sono, queda nas notas escolares, consumo de drogas, ferimentos sem explicação, conflitos sérios e persistentes entre você e seu filho, altos níveis de ansiedade e culpa. Consulte os professores, conselheiros, líderes religiosos ou médicos.

Lidar com situações dolorosas na família é muito difícil; todos sabemos disso. Mas evitar a dor garante uma vida superficial em família e relacionamentos insatisfatórios com nossos filhos – ou a total falta de relacionamento. Encarar a dura verdade e procurar crescer com ela desenvolve um caráter forte e relacionamentos pacíficos e profundos. As situações difíceis são simplesmente parte do aprendizado sem-fim para nós e nossos familiares.

5. Arrume Tempo para o Que é Mais Importante

A falta de tempo provavelmente seja o maior problema das famílias ocupadas de hoje. Se nossos calendários estão cheios até a eternidade, se nunca arrumamos tempo para parar e pensar, se estamos sempre lidando com interrupções e distrações que exigem mais atenção do que merecem, é muito provável que nunca possamos melhorar nossos relacionamentos.

> *As coisas que mais importam nunca devem estar à mercê das coisas que importam menos.*
> – Goethe

O tempo é uma limitação embutida que devemos aceitar. O fato é que nunca teremos tempo suficiente para fazermos tudo o que sonhamos. É por isso que focalizar e estabelecer prioridades é tão importante. Quão vital é consertar um relacionamento com um filho com quem você não conversa há um tempo? Quão importante é garantir que vai estar na celebração do Dia dos Avós na escolinha da sua neta? É fácil ceder aos obstáculos diários que impedem os relacionamentos afetivos e significativos com nossos filhos mais velhos e seus filhos. Talvez seja hora de examinarmos bem nossas agendas para ver o que se tornou uma desculpa para deixar que entes amados se afastem. O investimento do tempo dos pais mantém a família sempre em contato.

FILHOS PRIMEIRO

Dar prioridade a um relacionamento positivo com nossos filhos mais velhos realmente se resume em *nossas* escolhas, e cada vez que escolhemos uma prioridade, tornamos nossas vidas, e a dos nossos filhos, mais fácil. Como?

Estabelecer prioridades ajuda a fazer o seguinte:

1. Escolher as oportunidades com cuidado. Se decidiu que vai trabalhar na construção de um relacionamento de qualidade com seu filho adulto, reunindo-se com ele para jogar tênis todo sábado de manhã, o pedido do chefe para que você leve serviço para casa ou encontre um cliente no café da manhã de sábado será fácil recusar. Quando um encontro mensal para almoçar com sua filha é uma prioridade e um amigo liga, convidando-o para almoçar no mesmo dia, pergunte ao seu amigo se vocês podem marcar para outro dia.

Caminhamos pela vida tão distraídos que nem ao menos aproveitamos o tempo e o descanso para imaginar se qualquer uma das coisas em que pensamos, dizemos ou fazemos são dignas de pensar, dizer ou fazer.

— Henri J. M. Nouwen

2. Focalizar seu tempo, energia e recursos. Quando você tem de escolher entre uma hora extra na academia ou ligar para seu filho que acabou de se mudar para ver se está tudo bem, você vai colocar de lado a esteira elétrica e deixar que seus dedos façam a caminhada.

3. Saber quando abandonar atividades, e quais, quando sentir que está sobrecarregado de responsabilidades. Quando sua agenda está reclamando do próprio peso, você prefere abandonar um trabalho voluntário em vez da sessão "não programada" de babá para o bebê da sua filha que é mãe solteira.

4. Ver como as responsabilidades adicionais afetarão sua qualidade de vida em outras áreas. Caso aceite um trabalho de meio período (e você nem ao menos precisa do dinheiro) que o impeça de passar um tempo trabalhando com seu filho em seu novo negócio, você opta por ajudá-lo.

5. Ver a floresta quando estiver perdido nas árvores. Quando, perto das festas natalinas, sentir que está chegando na carga máxima, você deixa de ir a uma ou duas festas e mantém o dia de fazer compras com seu filho ou filha.

AFROUXE UM POUCO A VIDA

Repita depois de mim: nenhum de nós é perfeitamente competente, mas tudo bem. Somos humanos, e seres humanos não são perfeitos. Todos nós cometemos e continuaremos a cometer erros. Não veja as lutas do seu filho como suas falhas. Dê crédito a si mesmo por tudo o que deu certo na sua família; veja-se como um pai ou uma mãe competente que está sempre aprendendo e procurando maneiras de fazer um trabalho melhor. Muitas mães e pais que conheço temem ser rotulados como "pais ruins". Talvez no trabalho sejamos os "poderosos chefões", mas, quando se trata de trabalhar em questões de relacionamento com nossos filhos mais velhos, o medo do fracasso nos trava. Porém, se deixarmos o medo nos impedir de reagirmos com nossos filhos e de construirmos um elo com eles, algo muito assustador virá como resultado: estranheza ou total falta de relacionamento.

Como pais, nenhum de nós soletra *amor* da mesma maneira. Porém, todos podemos concordar que consertar os problemas de relacionamento é essencial para manter as relações crescendo entre nós e nossos filhos adultos.

Conforme você dá os passos necessários para uma comunicação clara, proporcione a si próprio o mesmo espaço creditado aos seus filhos para que novos sentimentos de perdão e reunião criem raízes. A cura sempre exige tempo, mas você já deu o passo mais importante de todos: começou o processo.

4
Seja um Construtor de Sonhos, Não um Destruidor

O futuro pertence àqueles que acreditam na beleza de seus sonhos.
– Eleanor Roosevelt

Quando os filhos são pequenos, é gostoso ouvir suas idéias sobre o que vão ser quando crescer. Meus filhos achavam que ser bombeiro ou astronauta parecia divertido. A filha de uma amiga não conseguia se decidir por um só emprego, e assim, na idade *avançada* de 4 anos, descobriu que teria de fazer tudo. "Vou ser secretária, bailarina, palhaça e artista lá do teatro de fantoches", anunciou.

Passamos a mão sobre a cabeça deles e asseguramos que o céu é o limite; inflamos sua auto-estima, dizendo que são inteligentes o suficiente para serem o que quiserem. Ajudar seus filhos a realizarem seus sonhos é talvez o maior presente que você pode lhes dar; é o supremo ato de amor.

Entretanto, quando um adolescente se vangloria dizendo que será um skatista profissional ou que tocará baixo em uma banda só de meninas, os comentários dele ou dela são mais preocupantes do que engraçadinhos e divertidos. Nossas reações a essas aspirações podem não ser tão positivas: "Você está louco? Não dá para ganhar dinheiro com isso. Você tem de conseguir um emprego de verdade. Não vou sustentar você pelo resto da vida." Uma resposta de acusação como essa pode levar à alienação e a uma ruptura na auto-estima da criança.

Há uma maneira de reagir melhor. Parte da *declaração da missão da família* que escrevemos anos atrás é ajudar um ao outro a ser tudo o que fomos criados para ser. Na nossa casa, cultivamos um ambiente que encoraja os sonhos, e nos esforçamos para ser construtores de sonhos, não destruidores. Assim como você, conheci muitos pais que tentam transformar seus filhos em alguém ou algo que *eles* acham que é o ideal. É fácil cair na armadilha de empurrar um filho para a profissão "certa", que ofereça prestígio, ótimo salário e muita segurança. Quando fazemos isso, estamos nos esquecendo de considerar a maquiagem única dos nossos filhos e os sonhos que germinam com eles. Os pesquisadores discordam da teoria de que uma criança nasce como uma tábua rasa, um papel em branco no qual podemos escrever o que bem quisermos.

Agarre-se aos sonhos, porque, caso eles morram, a vida será um pássaro de asas quebradas que não pode voar.

– Langston Hughes

Se você tem filhos, já sabe que a teoria do papel em branco não tem fundamento. É evidente que temos influência sobre eles, mas cada pai descobre um projeto claro em cada filho que já vem pré-equipado e pronto para ser desenvolvido. Às vezes, os pais podem ser zelosos demais ao traçarem o futuro de um filho. É nosso papel como pais ajudar nossas crianças a descobrir e a perseguir seus desejos mais profundos, não os nossos. Ocasionalmente, é preciso muita humildade.

Algo que você considera ruim pode salientar os talentos do seu filho; algo que você considera bom pode reprimi-los.

– Chateaubriand

Se fôssemos sinceros, provavelmente admitiríamos que às vezes gostamos da idéia de exibir nossos filhos: "Veja só o que *eu* fiz!" E, secretamente, muitos de nós poderíamos confessar que sonhamos em ver pelo menos um dos nossos filhos se tornar um atleta olímpico recordista, o chefe de uma corporação multinacional, ou talvez até mesmo presidente do país. Não me leve a mal. Sonhar grandes sonhos para os nossos filhos é bom, muito bom, contanto que o formato único de cada filho seja respeitado. Isso significa que devemos ajudá-los a procurar suas forças, a identificar suas limitações, a observar os sonhos que nos contam e a respeitar a maneira única como foram constituídos.

Não podemos formar nossos filhos sob nossos conceitos; devemos recebê-los e amá-los como Deus os deu a nós.
— Johann von Goethe

Por exemplo: nosso segundo filho sempre adorou vender coisas. Na pré-escola, Joel adorava ir de porta em porta vendendo produtos para levantar fundos para a escola. Ele e o irmão começaram a vender mudas de plantas quando estavam no ensino fundamental; ao entrar no ensino médio, Joel adorava seu bico de vendedor de árvores de Natal. Não devia ser surpresa, então, o fato de ele hoje ter sua empresa de vendas e marketing. Embora o pai e eu secretamente esperássemos que um dos nossos filhos se tornasse médico – as notas altas que Joel tirava em ciências e matemática nos fizeram pensar que talvez ele seguisse essa carreira –, não seria certo pressioná-lo a ir para a faculdade de medicina. Caso ele tivesse se tornado médico, será que amaria sua profissão hoje? Duvido, a menos que pudesse encontrar um meio de vender produtos para os pacientes depois de uma consulta – o que provavelmente não seria uma boa idéia. Não... Abrir uma empresa de vendas e marketing é, financeiramente, mais arriscado, porém, para ele, é muito mais divertido e recompensador, e o lugar mais provável para ele curtir seus sucessos.

Antes de entendermos esse conceito, criamos muitos momentos tristes – para nós *e* para nosso primeiro filho –, tentando ajustá-lo em um molde que nós é que tínhamos elaborado. Por exemplo: sonhávamos que um dia ele tocaria piano no Carnegie Hall, então o matriculamos em um curso de música para a pré-escola, em uma universidade local, e pagamos durante muito tempo aulas particulares de piano para ele. Muitas tardes foram arruinadas, enquanto ele tentava gostar desse projeto que só era importante para nós dois, seus pais. O problema? John não foi talhado para ser músico. Ele não é excessivamente talentoso, como o são os gênios da música. Então não era de surpreender que John não almejasse se apresentar em palco algum.

Mas John é um artista; é um mago da computação e tem uma mente empresarial aguçada. Anos atrás ele pegou o computador do pai e aprendeu sozinho a usar um programa gráfico sofisticado. Faz sentido que John tenha iniciado um negócio de computação gráfica quando estava no ensino médio? Sim. Na faculdade, John veio com a idéia de montar uma empresa de artes gráficas e abriu o negócio quando ainda era aluno. Hoje – depois de uma experiência de três anos em Hollywood, onde aprendeu na prática muito mais sobre computação e artes gráficas –, ele voltou a investir no negócio que começou na faculdade, criando logotipos e adesivos e vendendo-os para as bibliotecas universitárias de todo o país.

Permita que os filhos sejam felizes à própria maneira, pois qual melhor maneira do que essa eles podem encontrar?
– Samuel Johnson

Claro que a toda hora somos tentados a sugerir que ele trabalhe em uma empresa maior por algum tempo, aprenda o que puder lá e aproveite enquanto puder os recursos e os benefícios dados a um funcionário – convênio médico e odontológico são coisas ótimas de se ter. Mas ele está seguindo o sonho dentro dele, e nós, tentando apoiá-lo. Enquanto estamos em nossos veículos, dirigindo, é realmente divertido ver que um emblema de faculdade que ele desenvolveu e fabricou está grudado no vidro traseiro de um carro.

EQUILIBRANDO SONHOS COM A REALIDADE

Talvez você esteja se perguntando o que fazer se o sonho de um filho parece de fato irreal. Recentemente, conheci uma mulher com esse problema, e ela lidou com o assunto com muita sabedoria. Liz me contou que, certa noite no jantar, a filha anunciou seu plano de abandonar a faculdade, depois de cursar apenas um semestre, para se tornar designer de jóias. Ela planejava mudar-se para Nova York, quase do outro lado de onde morava, para rapidamente ganhar fama e riqueza e talvez até chegar perto de ser famosa como David Yurman.

Uma vocação não seguida retira a cor de toda a existência de um homem.
— Honoré de Balzac

A reação da mãe veio em duas partes: primeiramente, ela não aniquilou o sonho. Em vez disso, encorajou sua filha a visualizar que conhecimentos ela precisaria adquirir para se tornar uma designer de jóias de sucesso. Pensaram um pouco juntas e concordaram que seria útil ter algum conhecimento em contabilidade. Talvez até mesmo entender a economia mundial ajudaria; isso seria útil quando estivesse comprando matéria-prima de outros países. As estratégias de venda e marketing seriam importantes, e, claro, algumas aulas de arte aprimorariam suas habilidades. Juntas, elas decidiram que uma faculdade de administração seria um bom pré-requisito para o sucesso da moça no futuro, e importante também que ela fizesse alguns cursos ligados à arte e design. Liz disse que a filha voltou para a faculdade no semestre seguinte com seu novo objetivo.

Isso é o que chamo de mãe habilidosa: encorajar os sonhos da filha ao mesmo tempo em que a ajuda a manter os pés no chão. Não é o que todos nós realmente queremos fazer pelos nossos filhos? Ela não apenas evitou jogar um balde de água fria sobre os desejos da filha, como também a ajudou a aprimorar uma visão que vai garantir mais energia para lidar com os trabalhos escolares. Mesmo quando estiver assistindo às aulas de contabilidade – provavelmente uma matéria que uma designer de jóias nunca cursaria –, ela conseguirá manter o objetivo final em mente.

E quanto a você? Você tem sido uma construtora de sonhos ou uma destruidora? Nunca é tarde demais para se tornar uma construtora de sonhos na vida de um filho. Aqui estão algumas coisas que você pode fazer para ajudar seu jovem adulto a descobrir seu destino.

1. Raciocine com seu filho e liste várias coisas que ele sempre gostou de fazer, mesmo com o passar dos anos. Procure os elementos em comum: ele estava sozinho ou trabalhando em equipe? Nas peças de teatro da escola, ele gostava de se apresentar ou de trabalhar nos bastidores? Trabalhava nos projetos até o final ou cansava no meio do caminho? Agora, pense nas possíveis carreiras em que ele poderia usar essas habilidades.

O tempo todo nós estamos progredindo ou retrocedendo; não existe a possibilidade de permanecermos estáticos na vida.
– James Freeman Clarke

Por exemplo: talvez sua filha coloque na lista que gostava de ser escolhida para criar os quadros de aviso da sala de aula na terceira e quarta séries do ensino fundamental. Foi voluntária para fazer cartazes para a campanha "jogue o lixo no lixo" na sétima série e criou os panfletos do grêmio estudantil na oitava série – mas distribuir os panfletos não era com ela. No ensino médio, ela liderou a equipe de produção de teatro encarregada de criar os cenários. Gostava da maioria de suas responsabilidades, exceto lidar com alunos que não cumpriam os prazos ou não apareciam nas reuniões. Em vez de confrontá-los, ela decidia que era mais fácil fazer sozinha.

É possível estudar sua lista e ver que todas as coisas de que a menina gostava envolviam o uso de habilidades artísticas. Ela preferia trabalhar sozinha a trabalhar em equipe, e não gostava de lidar com as pessoas. Algumas profissões que ela pode considerar são design gráfico, propaganda e cenografia para teatros.

Meu trabalho não é me recriar, mas fazer absolutamente o melhor com o que Deus criou.
– Robert Browning

---

2. Ajude seu filho a analisar seus sonhos. Ele deve perguntar a si mesmo:

- Por que eu quero fazer isso?
- Quais passos preciso segiur para estar pronto, se a oportunidade de realizar meu sonho vier?
- Se eu pudesse fazer diferença no mundo, o que eu faria?
- Como outras pessoas se beneficiariam se meu sonho se tornasse realidade?
- O que é importante para mim na vida? Como manterei minhas prioridades se meu sonho virar realidade?
- Esse é um bom momento para meu sonho se realizar?
- Eu seria capaz de usar meus dons e talentos caso perseguisse esse sonho?
- O sonho traria à tona o melhor de mim?
- O meu sonho tem a confirmação dos outros? (Alguém disse: "Ei, John, acho que você seria um ótimo advogado"?)
- Esse sonho é do tipo que eu devo perseguir sozinha ou preciso que outros me ajudem a fazê-lo acontecer?
- O que me imagino fazendo diariamente?
- Existe alguma coisa que eu deva fazer hoje para ir ao encontro desse sonho?

3. Ouça cuidadosamente o que seu filho conta sobre seus sonhos. Mesmo que acredite que são estranhos, não reaja. Ouça. Tente ir além das palavras para ver os desejos profundos que seu filho realmente tem.

O otimismo é a fé que leva à realização. Nada pode ser feito sem esperança.
– Helen Keller

---

4. Encoraje seu jovem adulto a procurar um emprego temporário que lhe permita explorar algumas das profissões nas quais está interessado. Muitas empresas oferecem estágios. Não pagam bem – algumas só dão alguns benefícios –, mas são inestimáveis em termos de aprendizado e foco nas futuras profissões.

5. Ofereça-se para ajudar a escola do seu filho a iniciar um programa profissional de um dia, no qual os alunos passariam um bom tempo fora sendo "sombras" de alguém cuja profissão os interessa. As visitas devem ser agendadas e aprovadas antes, claro. Sugira que os alunos escrevam um resumo da visita: a profissão que observaram, o nome e cargo da pessoa com quem estiveram, a graduação ou ensino especializado necessários para a posição que ela ocupa hoje, um panorama geral da visita, o que gostaram mais e menos no trabalho e o valor aproximado do salário inicial.

Se um homem é chamado para ser gari, ele deveria varrer as ruas como Michelangelo pintava, ou Beethoven compunha música, ou Shakespeare escrevia poesia. Ele deveria varrer as ruas tão bem que todos os anfitriões do céu e da Terra fariam uma pausa para dizer: "Aqui viveu um ótimo gari que fez seu trabalho esplendorosamente".
— Martin Luther King Jr.

6. Considere pagar para que seu filho faça um teste vocacional ou de aptidão. A maioria dos alunos de faculdade de hoje muda de curso pelo menos duas vezes, exigindo um ou mais anos extras de faculdade. Isso significa muito gasto extra para os pais. Um teste pode ajudar a apontar as habilidades e os talentos do seu filho e ajudá-lo a identificar o que seriam escolhas inteligentes – e não tão inteligentes – para uma profissão. Existem muitos testes bons por aí, em uma variada faixa de preço. Nós usamos um deles, e ficamos muito satisfeitos, pois ajudou nossos filhos (e a nós também) a identificarem forças inatas e motivação natural que os permitiram fazer escolhas significativas para a vida e para o trabalho.

7. Sugira que sua filha leia livros que a ajudem a focalizar seus objetivos profissionais. Consideramos os seguintes livros muito úteis:
A Pessoa com Propósito, de Kevin W. McCarthy; *Qual a Cor do Seu Pára-quedas?*, de Richard Bolles, e *O Caminho*, de Laurie Beth Jones.

Seja sempre a melhor versão de você mesmo, em vez de uma segunda versão de outra pessoa.
— Judy Garland

8. Se sua filha está morando sozinha, não deixe que fique sentada, vendo televisão, esperando que o emprego certo bata à sua porta. Se for capaz de trabalhar, ela precisa arrumar um emprego e fazer o que puder até que possa realizar o que realmente ama.

9. Esteja ciente de que alguns jovens adultos precisam de ajuda extra. É provável que levem mais tempo do que outros da mesma idade para perseguir um objetivo específico; talvez ajude se você os orientar no desenvolvimento de um cronograma ou de um orçamento para conseguir realizar alguma coisa. Nota: se seu filho parece deprimido com freqüência e não tem vontade de fazer nada, talvez esteja lutando com a depressão clínica, que exige tratamento por meio de medicação e/ou terapia.

PREPARE-SE PARA QUE SEU SONHO SE REALIZE

Não muito tempo atrás, uma mulher de 29 anos pediu meus conselhos. Ela adorava sua profissão de professora da pré-escola, mas sonhava em ser esposa e mãe. Não queria mais ficar solteira. Perguntei como, então, vinha se preparando para o papel que desejava ter, e ela não tinha idéia do que eu estava falando.

Infelizmente, as fadas-madrinhas existem somente nos filmes. Nenhum sonho – não importa o tamanho – vai virar realidade sozinho. Disse à jovem que era importante colocar-se na posição correta tanto física como mentalmente para estar pronta, caso o Príncipe Encantado aparecesse. Ela precisava dar prioridade ao crescimento espiritual a fim de que seu espírito estivesse sensível para determinar qual homem seria realmente o certo para ela.

Não espere que o navio venha até você; nade até ele.
— Anônimo

Também discutimos a preparação mental para o casamento: aprender técnicas saudáveis de comunicação, raciocinar sobre as implicações para sua vida e seus horários. Conversamos sobre estar fisicamente preparada: entrar em forma, desenvolver hábitos saudáveis que durariam uma vida toda. E conversamos sobre estar emocionalmente preparada: sentir-se bem com quem ela era e aprender maneiras saudáveis de lidar com a raiva, a depressão e o estresse.

A moça concordou que poderia ficar muito mais ocupada ao perseguir seu sonho. Então sugeri mais uma coisa: ela deveria se "expor na rua". Ela não seria "atingida" sentada no sofá de casa, esperando que o Príncipe Encantado aparecesse em sua porta. Esse pensamento é equivalente a desejar que um milhão de dólares caia na sua conta do banco. Ela precisava sair e conhecer pessoas, envolver-se nas questões da comunidade e da igreja, fazer ginástica em uma academia, juntar-se a associações profissionais, em resumo, colocar-se no lugar exato para encontrar o Príncipe Encantado.

O segredo da vida é que um homem esteja preparado para a oportunidade quando ela vier.
— Benjamin Disraeli

Se essa história lhe parecer familiar, não importa a profissão com que sua filha adulta esteja sonhando, considere levá-la para jantar e discutir as seguintes questões de maneira amável e afirmativa. Conversem sobre o fato de que, sejam quais forem nossos sonhos, precisamos estar preparados.

- O que você faz no seu tempo livre? Como pode estar preparada para a profissão dos seus sonhos?
- Você já
    - Foi a uma feira ou convenção sobre o assunto dos seus sonhos?

- Comprou algum livro ou fita relacionados ao seu sonho?
- Saiu do seu caminho para procurar alguma coisa que tinha a ver com seu sonho?
- Começou um diário e registrou os passos que está tomando rumo ao seu sonho?
- Disse a alguém sobre seu sonho?
- Rezou pelo seu sonho? Quanto?
- Fez um retiro espiritual para ficar em silêncio e ouvir o que está acontecendo no seu coração e na sua alma?

COMO AJUDAR SEUS FILHOS ADULTOS A VISUALIZAREM O QUE PODEM SER

Não é incomum um jovem adulto que acabou de sair da faculdade ou da escola militar não saber o que quer fazer. Talvez uma filha tenha se formado em pedagogia só para descobrir, durante os estágios do último ano, que realmente não gosta de ensinar nem de trabalhar com crianças. Ou talvez um filho tenha se unido às Forças Armadas pensando em conhecer muitos lugares, e agora tudo o que sabe é que quer um emprego que não exija viagens. Também há pessoas de 30, 40 e 50 anos que não sabem o que fazer com o restante de suas vidas.

O meio de ir em frente é começar agora. Se começar agora, no próximo ano você saberá muito mais do que sabe no momento, coisas até que, no próximo ano, você não saberia se tivesse esperado hoje.

– William Feather

É fácil demais sentir-se desencorajado quando não se tem um rumo na vida. Nesses momentos, tendemos a focalizar o que não estamos fazendo e as portas que não estão abertas para nós. Quando isso acontece, não conseguimos ver o panorama geral, e é aí que o desespero pode entrar em cena.

Para ajudar sua filha mais velha a evitar – e a começar a sair de – tal frustração, leve-a a tomar algumas atitudes proativas para descobrir um sonho no qual deposite suas energias. Instrua para que faça o seguinte:

- Avalie de forma rigorosa e honesta tanto seus pontos fortes como suas limitações. Garanta que ela dê crédito a si mesma por seus méritos; quando uma pessoa está desencorajada, geralmente se vê em termos negativos.

- Veja suas conquistas da melhor maneira. Talvez ela só tenha cumprido 30 horas do caminho até o diploma de enfermeira. São 30 horas a menos para cumprir agora!

- Encoraje-a a explorar as áreas que sempre a interessaram. Ela não precisa limitar sua busca por um sonho dentro de uma semana ou de um mês, mas deve começar já – e continuar – a procurar até que algo chame sua atenção e não lhe saia da cabeça.

O progresso é olhar para a frente com inteligência, olhar para dentro com crítica e mover-se incessantemente.
– Waldo Pondray Warren

- Dê a sugestão de fazer perguntas aos adultos nos quais ela confia – talvez antigos empregadores – para ter um retorno: No que ela mostrou habilidades específicas? Ela parece especialmente talentosa em certas áreas – com pessoas, animais, máquinas? Onde teve sucesso, até o momento, na sua vida?

O QUE NÃO ESTÁ DANDO CERTO PARA ELE

Considere as seguintes categorias ao recordar seu filho de suas qualidades. Agende mais tempo para sentarem e, juntos, fazerem uma lista:

Forças pessoais: No que você é bom? O que você adora fazer?

Habilidades aprendidas: Quais habilidades você ganhou, formal ou informalmente, durante o curso da sua vida?

Educação: Quais conhecimentos você adquiriu formalmente?

Experiências: Quais perspectivas ou revelações você recolheu pelo caminho?

Família, amigos e suas redes: Você está provavelmente a uma distância de uma ou duas pessoas para conhecer alguém que tem o que você precisa ou sabe o que você precisa saber.

Acesso a autoridades e especialistas: Quem você conhece que pode abrir portas para você e dar as informações de que precisa?

Oportunidades especiais do ambiente: Que privilégios e recursos você tem disponíveis na sua cidade, estado ou país?

Habilidades e atributos físicos: Que traços físicos você tem a seu favor?

Recursos financeiros: A quais bens financeiros você tem acesso?

Igualmente importante é identificar o que seu filho ou sua filha não querem, ou não gostam de fazer. Pergunte-lhes questões como estas também:

- Você gosta de trabalhar em equipe ou de maneira independente nos projetos?

- Você é uma pessoa que vê o panorama geral ou gosta de garantir que os detalhes estejam sendo cuidados?

- Ter um ambiente estruturado o ajuda – hora certa para chegar e sair do trabalho, procedimentos operacionais padronizados – ou você tem autodisciplina suficiente para realizar o trabalho no próprio ritmo em um ambiente não-estruturado?

A inquietação e o descontentamento são as necessidades do progresso.
— Thomas Alva Edison

- Você gosta de prazos?
- Você gosta de viajar?

PENEIRANDO OS DETALHES

Enquanto seu filho adulto tenta peneirar seus desejos e sonhos, ajude-o a pensar neles em termos muito práticos. Peça que se imagine na situação dos seus sonhos. Por exemplo: peça-lhe para visualizar o emprego dos seus sonhos. Como é o escritório? Quais tarefas exigiriam mais do seu tempo? Com que tipo de pessoas ele gostaria de trabalhar?

Se tiver dificuldades para imaginar até mesmo o quadro geral, sugira o seguinte exercício. Ele não precisa limitar-se a três respostas para cada questão, mas eu descobri que as três primeiras coisas que vêm de imediato à mente freqüentemente são os desejos secretos do coração.

- Escreva três coisas que você gostou de fazer e gostaria de continuar fazendo. Costurar? Trabalhar com equações matemáticas? Ajudar as pessoas a resolverem problemas? Ler? Fazer cursos? Correr? Cozinhar?
- Escreva três coisas que você gostaria de experimentar pelo menos uma vez para ver se gosta delas. Ser voluntário em uma coleta de cesta básica? Praticar windsurfe? Escrever e submeter um artigo ao jornal local?

- Escreva três coisas que você gostaria de mudar na sua aparência.
- Escreva três hábitos que você gostaria de perder.
- Escreva três hábitos que você gostaria de incorporar à sua vida.
- Escreva três passatempos que parecem divertidos.
- Escreva três habilidades que você gostaria de aprender.
- Encontre a grade de matérias de uma faculdade e escreva três cursos que parecem interessantes.
- Olhe os classificados no jornal e anote três empregos que parecem atraentes.

O trabalho é exercício e função natural do homem... O trabalho não é primariamente algo que se faz para viver, mas que se vive para fazer. É, ou deveria ser, a expressão completa das faculdades do trabalhador, aquilo em que ele encontra satisfação espiritual, mental e corporal, o meio pelo qual ele se oferece a Deus.
— Dorothy Sayers

Responder a essas perguntas o trará mais perto da mira do futuro dos seus sonhos.

PASSO A PASSO E DIA APÓS DIA

Quando nossos filhos adultos estão sem rumo, não deviam usar isso como desculpa para não fazerem nada. Assim como aquela mulher solteira descobriu muitas atitudes que podia tomar para se preparar para seu sonho específico – casar e ter filhos –, qualquer jovem adulto pode dar passos para aprimorar-se de maneira geral. Essas melhorias vão ajudá-lo a crescer mental, física, espiritual, emocional e socialmente; em resumo, elas serão muito boas, não importa o que ele acabe fazendo.

A verdade é que a inércia gera a si própria; o mesmo acontece com a ação.

Exemplos de Exercícios de Avaliação/Visualização

Para começar, seu jovem adulto pode avaliar seu estilo de vida geral. Aqui está como pode ser uma revisão. Ela envolve a avaliação do que é e a observação do que pode ser.

Avaliação física. Qual a sua aparência agora? Como gostaria de ser? O que pode melhorar? Como pode ser mais saudável? Mais equilibrado? Mais atraente?

- Marcar uma avaliação física. (Curto prazo: o mais rápido possível.)
- Vasculhar o armário e dar roupas que não usa mais. (Curto prazo.)
- Comprar roupas. (Curto prazo.)
- Conversar com o cabeleireiro ou barbeiro sobre um corte mais moderno e fácil de cuidar. (Curto prazo.)
- Tenho me sentido cansado ultimamente. Exercitar-me e dormir mais. (Curto prazo: adicionar uma caminhada de 10 minutos no meu dia. Longo prazo: estabelecer um programa mais rigoroso de exercícios. Matricular-me em uma academia. Depois de 6 meses, reavaliar as necessidades de sono frente aos exercícios.)
- Procurar programas de perda de peso. (Esperar até perder peso para comprar roupas? Pesquisar as opções o mais rápido possível.)
- Minhas unhas precisam de cuidados. (Marcar na agenda e no orçamento idas mensais à manicure.)
- Procurar nova linha de produtos cosméticos. (Quero algo que seja simples de usar, mas que melhore minha pele ressecada.)

Avaliação emocional. Como me sinto agora? Como quero me sentir? O que pode melhorar? Como posso ser mais saudável emocionalmente?

- Trabalhar minha atitude. (Curto prazo: o mais rápido possível. Lembrar-me do que devo ser grato.)
- Fazer mais exercícios e dormir mais. (Veja anteriormente.)
- Passar mais tempo com as pessoas que me encorajam.
- Encontrar citações que me lembrem de que, quando a vida é azeda como limões, posso usá-los para fazer limonada ou mousse. Colocá-las onde posso vê-las.
- Agendar horários de diversão para mim. (Curto prazo: ligar para uma amiga e convidá-la para almoçar. Longo prazo: olhar minha agenda e garantir que estou marcando atividades divertidas além de coisas relacionadas ao trabalho.)
- Começar a lidar com problemas em andamento; não assumir que vão desaparecer sozinhos e não tentar enterrar sentimentos de tristeza ou frustração. (Curto prazo: fazer anotações sobre minha vida emocional e como gostaria de mudá-la. Longo prazo: pensar se quero a ajuda de um terapeuta profissional.)
- Ter um plano para os dias ruins. (Curto prazo: fazer uma lista de atividades animadoras que posso organizar em um minuto, como assistir a um bom filme no cinema, fazer massagem ou trabalhar em um passatempo favorito que está sendo negligenciado.)

Avaliação mental. Quanto conhecimento tenho agora? Quanto conhecimento quero ter? Como poderia me tornar mais interessante?

- Começar fazendo uma lista de livros que quero ler este ano. (Renovar o cartão da biblioteca. Reservar dinheiro para os livros que quero comprar.)
- Procurar uma aula de computação. (Ligar para um colega. Ligar para algumas lojas de informática para ver o que recomendam.)

- Ler o jornal diariamente além dos quadrinhos e da seção de entretenimento.
- Organizar um ambiente para ler e escrever em casa.
- Dar início a um grupo de leitura. (Longo prazo: iniciar o grupo. Curto prazo: convidar dois amigos para ler um livro e se reunir para discuti-lo.)
- Inscrever-se em congressos. (Verificar diferentes opções na biblioteca e na faculdade. Convidar um amigo para ir comigo?)

Avaliação espiritual. Reajo bem aos altos e baixos do dia-a-dia? Como poderia ser mais saudável? Mais equilibrado? Mais sereno?

- Reservar um momento de silêncio para rezar todos os dias. (Começar agora. Continuar. Escrever na minha agenda.)
- Fazer um curso na igreja. (Longo prazo: procurar os cursos que mais me atraem.)
- Fazer uma lista de bons livros que quero ler nessa área. (Combinar com a outra lista de livros anteriores.)
- Reservar um espaço maior de tempo para crescer espiritualmente. (Longo prazo: procurar ir a um retiro espiritual.)
- Compartilhar minha vida espiritual com os demais. (Em andamento. Marcar um horário com meus amigos ou pastor para conversar sobre preocupações que temos nas nossas vidas espirituais. Talvez participar de um retiro juntos. Ver anteriormente.)
- Recordar que Deus proverá. (Curto prazo: encontrar citações inspiradoras que me lembrem de que isso é verdade. Escrevê-las e colocá-las onde possa vê-las com freqüência.)
- Procurar um mentor espiritual. (Pastor? Um amigo sábio? Um padre? Encontrar alguém que possa recomendar livros para leitura e que converse comigo.)

Quando nossos filhos eram mais jovens, viam a vida com coragem e empolgação: "Quero ser juiz do Supremo Tribunal Federal." "Quero ser um jóquei famoso." "Vou estudar os vulcões!" Conforme a realidade e a idade foram retalhando seus sonhos, eles, muitas vezes, foram estabelecendo alvos mais baixos ("Gostaria de estudar Direito.") e visualizando vocações totalmente novas ("Quero ser professora da pré-escola."). A forma que os sonhos alterados assumem é normal e natural. O mais importante é que seu filho ou sua filha e você, enquanto orientador, levem em consideração os caminhos que eles percorreram, assim como seus talentos, permitindo que essas características formem os sonhos que eles realmente almejam. Seu papel aqui é imensamente importante: ou você vai animá-los no percurso, ou acabará reprimindo seus filhos nos anos vindouros. Escolha com sabedoria – são os seus filhos e os meus que vão fazer o futuro.

5
Mantenha a Luz da Varanda Acesa e a Lareira Queimando

Lar é o lugar onde, quando você precisar ir, eles têm de recebê-lo.
– Robert Frost

Quando não agüento mais pensar nas vítimas de lares desfeitos, começo a pensar nas vítimas de lares intactos.
– Peter De Vries

Dois anos atrás fui à festa de casamento da filha de uma velha amiga. Seis meses depois, encontrei-a no shopping center e perguntei se os recém-casados viriam passar as festas de final de ano em casa. Ela me disse com raiva que a filha tinha ligado (ela e o marido viviam em outro Estado) para dizer que viriam passar o Natal em sua casa, mas que "acampariam" na casa dos pais do marido. Ellen estava furiosa e magoada, mas, para ser sincera, não fiquei tão surpresa. Lembro-me de quando sua filha estava no ensino médio. Naquela época, as crianças também não gostavam de ficar na casa dela. Ellen estava sempre reclamando da música alta demais ou que eles deixavam migalhas de pão em cima da mesa.

A história de Ellen é uma chamada para todos nós. Se nossos filhos não vêm em casa com tanta freqüência como gostaríamos, é possível que as lâmpadas da nossa varanda estejam apagadas – será que nossos filhos sentem que não são bem-vindos e então preferem estar em outro lugar?

Adoro voltar para casa! Adoro o cheiro quando entro pela porta, adoro dormir na minha antiga cama, ver meu cachorro e conversar sobre a vida com meus pais. Geralmente não posso ficar muito tempo por causa do trabalho, mas, depois de ir para casa, sempre me sinto melhor do que antes de chegar lá.

– Amy, 27 anos

FAZENDO DA SUA CASA UM ÍMÃ

"Ah, a alegria de chegar em uma casa e sentir o calor que lhe diz que você vai passar ali um tempo bem gostoso." O autor Mark Hampton é perfeito para mim. Esse é o objetivo final dos detalhes e de toda afobação que enfrento antes dos meus filhos chegarem em casa. Quero que ela seja um ímã que os atraia sem grandes esforços. Muitos lugares competem pelo tempo e pela atenção dos meus filhos; quero que minha casa seja a atração mais forte.

Ah! Não há nada como ficar em casa para sentir o verdadeiro conforto.

– Jane Austen

Você já parou para pensar sobre o que torna a casa um lugar em que todos querem estar? Seja um castelo ou uma choupana, um apartamento ou uma cobertura, uma cabana ou um estúdio, todos os lares têm certos ingredientes que os tornam interessantes frente aos outros lares do mundo. Apesar de lindas decorações e móveis em estilo clássico ou moderno serem ótimos, eles não necessariamente trazem conforto – que é a chave para transformar a casa em um lar.

Talvez quando seus filhos estavam morando em casa, ela tenha se tornado semelhante a um *drive-thru* de uma rede de lanchonetes, no qual os membros da família entravam correndo, pegavam alguma coisa para comer e uma camiseta limpa, pediam dinheiro, trocavam poucas palavras e saíam correndo de novo. Por outro lado, talvez sua casa tenha sido uma concha vazia; as pessoas vinham para dormir, mas nunca para se congregarem. Talvez o vazio a tenha magoado e decepcionado.

Que tipo de lar você quer ter? O que você espera que aconteça lá? Festinhas com toda a família? Jantares de domingo? Chás de bebê? Reuniões familiares? Celebrações de feriados? Finais de semana de brincadeiras com os netos? Nunca é tarde demais para aprimorar sua casa. Independentemente do fato de seu filho ser casado, solteiro, com ou sem filhos, há algumas coisas simples que você pode fazer para garantir que sua casa esteja na lista de todos, como destino para passeios ou férias. Aqui estão algumas maneiras de magnetizar a sua casa:

1. *Receba seus filhos com os braços abertos.*
   - Deixe-os saber que vir para casa não é um problema para você. Tente preparar o máximo possível antes da sua chegada, para que não tenha de correr de um lado para outro, estressada, quando eles chegarem.
   - Comece com um comentário positivo. Elogie seu genro ou nora por suas roupas, pontualidade – qualquer coisa. Deixe sua família perceber logo de início que você está feliz em vê-los.
   - Desligue a televisão e ligue a secretária eletrônica quando eles chegarem.

Quando há espaço no coração, há espaço na casa.
— Provérbio dinamarquês

---

2. *Garanta que sua casa seja a mais confortável e aconchegante possível.* Faça a si mesma algumas perguntas. A entrada é convidativa? Qual o cheiro que dá para sentir ao entrar pela porta? Dá para sentir os aromas deliciosos da cozinha?

Existe algum lugar para pendurar bolsas e guarda-chuvas, cantos confortáveis para relaxar depois de um longo dia? Os banheiros estão limpos? A casa está razoavelmente limpa – não impecável, apenas arrumada?

    Se você vive na mesma casa em que seu filho cresceu, discuta como ele gostaria de guardar as coisas que deixou para trás. Dessa maneira, o velho quarto será agradável, mas não desordenado, e você pode equipá-lo para a família dele. Considere esses elementos quando for adequá-lo:

- O quarto precisa de novas cortinas ou abajures?
- O colchão é confortável? Deite-se nele para verificar.
- Travesseiros: é bom ter um travesseiro firme, um macio, um antialérgico e um maior para se recostar e ler.
- Estabeleça um lugar especial para a correspondência que eles continuam recebendo na sua casa.
- Tenha livros interessantes e revistas variadas.
- Garanta que as janelas tenham persianas ou cortinas que possam ser fechadas para que a pessoa no ambiente tenha mais privacidade ou para impedir a entrada direta de luz.
- Tenha um abajur para leitura ao lado da cama, com uma lâmpada de três intensidades.
- Tenha uma escrivaninha com rádio, despertador, lenços de papel e uma lixeira.
- Coloque copos descartáveis no banheiro ou uma garrafa de água.
- Pendure um espelho, de preferência de corpo inteiro, ou, pelo menos, da cintura para cima.
- Tenha uma lanterna para blecautes inesperados.

- Garanta que o armário esteja vazio para acomodar os pertences de uma família, incluindo as malas. Tenha cabides fortes.
- Esvazie uma gaveta ou duas da cômoda, se possível.
- Coloque um pequeno vaso de flores frescas ou uma pequena planta sobre a cômoda ou escrivaninha do quarto, a preferida do seu filho ou filha.
- Invista na compra de dois roupões de banho atoalhados, caso as visitas não tragam os seus.
- Coloque outro secador de cabelo no banheiro, além de miniaturas de pasta de dente e xampu. Instale uma lâmpada noturna.
- Tenha certeza de que os convidados saibam onde podem ajustar a temperatura do quarto, caso ali tenha um aparelho de ar-condicionado.
- Garanta que seus filhos possam entrar em contato com o escritório deles, verificar e-mails – enfim, possam se manter conectados com o "mundo exterior". Diga que podem usar seu computador e telefone.

3. *Providencie alimentos bons e saudáveis para o organismo.*
   - Verifique com antecedência quaisquer alergias a comidas ou restrições na dieta dos seus visitantes.
   - Quando seu genro ou nora visitá-la pela primeira vez, leve-o até a cozinha. Explique como a cafeteira funciona e mostre onde ficam os biscoitos, os chocolates, e coisinhas para beliscar.
   - Para facilitar seu acesso fácil, coloque os alimentos do café da manhã no balcão, logo cedo. Deixe que cada um se sirva à vontade.

- Discuta um horário para o jantar que seja bom para todos. Planeje servir algumas das comidas favoritas do seu filho ou sua filha.

4. *Tenha alimentos para a mente e para o espírito.*
   - Tenha livros e revistas atuais disponíveis para adultos e crianças.
   - Tenha materiais para trabalhos manuais para passatempo de seus filhos.
   - Tenha alguns jogos de tabuleiro, cartas de baralho e quebra-cabeças à mão.
   - Mantenha o tom da conversação o mais positivo possível.
   - Contenha a reclamação e converse sobre o lado bom da sua vida.
   - Ensine seus netos com exemplos de como se deve curtir a vida profundamente – mantenha os problemas em seus lugares e celebre a vida, apesar deles.
   - Comece as conversas com perguntas agradáveis, não com relatos centralizados em você.
   - Deixe as pessoas perceberem que você se importa profundamente com elas.
   - Deixe seus filhos sentirem sua afeição todas as vezes que entrarem na casa.

5. *Faça da sua casa um lugar gostoso para as crianças.* Aqui está a história sobre como uma mãe aprendeu uma grande lição com isso. Conheci Patrícia em uma livraria na qual apresentei um seminário. Ela reclamou que o filho e a nora nunca queriam ir à sua casa – eles moram na mesma cidade – e que passavam muito tempo com os pais da nora, o que a deixava triste porque ela e o marido gostariam de ver mais seus netos.

Conforme continuamos a conversa, comecei a fazer perguntas para Patrícia sobre sua casa. De acordo com o que ela descreveu, percebi que era uma casa para "adultos". Ela possuía muitas antiguidades, nenhum brinquedo, e deixava claro que não gostava de bagunça. Em resumo, sua casa era um lugar muito ruim para crianças.

Eu, então, lhe disse que era preciso fazer uma escolha: ela queria ter uma casa perfeitamente arrumada e impecável ou um lugar que a família do filho adorasse visitar?

Conversamos sobre isso e ela viu a necessidade de fazer de sua casa um lugar mais agradável para a família. Ela me escreveu, alguns meses depois, contando que as coisas estavam muito melhores – os filhos e os netos visitavam-na com mais freqüência. As atitudes que ela tomou valem a pena ser anotadas:

- Ela teve uma conversa franca com o filho e a nora e perguntou especificamente o que deixaria sua casa mais atraente para as visitas.

- Projetou um armário mais baixo na cozinha para os netos e comprou alguns pratos de plástico para eles.

- Esvaziou um armário e o deixou para as crianças – cheio de brinquedos, jogos e fantasias.

- Começou uma coleção de DVDs, CDs e livros para crianças.

- Comprou alguns brinquedos de parquinho para o quintal.

- Parou de limpar compulsivamente qualquer sujeira.

- Sempre tinha as bebidas e os petiscos favoritos de todos em casa.

Algumas outras sugestões:

- Decida a quantidade de coisas de bebê que você pode ter. Os pais ficarão felizes por não terem de ficar carregando de um lado para outro o cadeirão, o carrinho, a banheirinha, o cercadinho e tudo o mais. Considere ter um pouco de fraldas descartáveis, mamadeiras e alguns potes de comida de nenê.

- Deixe os pais se sentirem à vontade para usar a máquina de lavar e a secadora a qualquer momento. As crianças se sujam facilmente, então talvez os pais precisem lavar uma roupa ou outra de emergência. (Veja também "Uma Casa à Prova de Netos", posteriormente, no Capítulo 7.)

Uma casa não é um lar a menos que tenha comida e fogo para a mente e para o corpo.
— Margaret Fuller

O QUE FAZ UMA CASA ATRAIR OU REPELIR

Perguntei a alunos de faculdade e a jovens adultos no mercado de trabalho por que gostavam ou não de voltar para casa. As respostas podem ser surpreendentes – e inspirar mudanças. Aqui está o que ouvi:

Eu gosto de voltar para casa porque:

- Sinto falta da comida da minha mãe.
- Gosto de assistir aos programas de esportes na televisão com meu pai.
- Consigo passar um tempo com minha irmã e ver meus cachorros.
- Posso relaxar e esquecer o estresse da faculdade.

- Sei que meus pais me amam incondicionalmente.
- Não tenho de fazer o trabalho doméstico sozinha. Nunca soube quanto minha mãe batalhava, fazendo compras, lavando e passando roupa, cozinhando e limpando a casa. Agora que tenho de me virar, dou valor ao que ela fazia e ainda faz.
- Gosto de ficar com os meus pais.
- Consigo ir à minha velha igreja.
- Gosto de dormir na minha cama.
- Gosto do cheiro da nossa casa quando entro pela porta.
- Meu pai me leva ao meu restaurante favorito.
- Posso conversar com os meus pais sobre problemas da minha vida. Eles são realmente bons ouvintes e me dão sábios conselhos. Não ficam me dando sermão nem fazendo pressão.
- Gosto de sentar em volta da mesa do jantar com minha família e conversar sobre o que está acontecendo nas nossas vidas.
- Meus pais estão interessados no que estou fazendo. Eles me encorajam muito.
- Meus pais me mimam quando volto para casa. É como férias. Eu trabalho 12 horas por dia, então *preciso* de férias de vez em quando!

Eu não gosto de voltar para casa porque:

- Meus pais brigam.
- Meus pais me irritam muito.
- Minha mãe está sempre triste por causa da minha irmã caçula e rebelde. Acho que ela deveria pelo menos ficar feliz por eu ter me saído bem.
- Minha mãe nunca quer que eu vá embora. Eu gostaria que ela tivesse vida própria.

- Quando volto para casa, geralmente estou cansada. Aí, meus pais querem que eu faça tarefas domésticas como quando vivia em casa.

- Meus pais se metem na minha vida amorosa. Estão preocupados demais com o fato de eu não me casar.

- Meus pais reclamam de tudo. Eu não telefono o suficiente, não gostam da pessoa que estou namorando, não gostam do que planejo fazer quando me formar...

- Nunca há ninguém lá. Meus pais estão ocupados com as próprias vidas. Mas sempre foi assim.

- Não parece ser meu lar. Meus pais se mudaram logo depois que saí de casa.

- Tenho de dividir meu tempo entre a casa da minha mãe e o apartamento do meu pai. É mais fácil acabar não indo a lugar algum.

- Minha fé se tornou muito importante para mim. Meus pais não apóiam minha escolha espiritual.

- Minha mãe critica a maneira que estou educando meus filhos.

- Não consigo fazer nada direito. Estou cansada de ouvir isso.

RECÉM-CASADOS FALAM SOBRE IR PARA CASA

Minha esposa e eu vamos viajar na próxima semana para nossa visita obrigatória duas vezes por ano à casa dos meus pais. Sinto-me culpado por não irmos lá com mais freqüência, mas a verdade é que não quero ir. No minuto em que entro pela porta, meu pai já tem alguma coisa para eu fazer: colocar grama no jardim, consertar o telhado, ajudá-lo a colocar freios novos no carro. Não me incomodo em ajudá-lo; eu fazia isso quando vivia em casa, mas agora me sinto como um peão de obra. Ouço meus amigos dizerem que, quando voltam para visitar os pais, vão dar uma volta ou praticar algum esporte com o pai, e, ainda, que a mãe prepara sua refeição favorita. Gostaria de ter isso.

– Andrew, 30 anos

Gostaria que meus pais (avós da minha filha) entendessem que, com a casa que eles têm agora – cheia de objetos caros de decoração, tapetes e estofamentos claros –, fica muito difícil visitá-los. Sei que eles querem nos receber, mas ficam preocupados o tempo todo em que estamos lá, com medo de que nossa filha vá quebrar ou sujar alguma coisa. Acho que os pais que são novos nessa situação de casa vazia e avós pela primeira vez deveriam pensar muito bem: eles querem uma casa que mais parece uma foto de revista de decoração ou uma casa confortável para receber os filhos e netos? Meus pais pensavam nisso enquanto meus irmãos e eu estávamos crescendo. Minha mãe sempre escolheu estofamentos e carpetes que não mostrassem tanto a sujeira. E minhas amigas e eu gostávamos de conversar lá em casa, e mamãe adorava ficar conosco. Não sei por que ela pensa que é diferente agora.

– Cindy, 35 anos

DE VOLTA AO LAR

Ver os filhos adultos voltarem ao ninho está se tornando cada vez mais comum. Em maio de 2002, o jornal norte-americano *USA Today* relatou que 60% dos formandos de faculdade voltariam para casa para viver com os pais. Algumas pessoas chamam a isso de síndrome do bumerangue, indicando a noção negativa de que os pais tentaram jogar seus filhos no mundo só para vê-los voltar mais uma vez.

Mesmo assim, o fato de cada vez mais jovens adultos estarem vivendo em casa com os pais não é necessariamente ruim; na verdade, a extensão do tempo juntos pode ser uma experiência surpreendentemente enriquecedora. O problema é que muitos pais não tinham isso em seus planos. Muitos pensam que, uma vez que os filhos saíram de casa, eles, então, terão uma casa eternamente limpa, um horário bem mais flexível e um telefone que raramente toca. Quando os filhos adultos voltam para casa, na melhor situação, podemos sentir um misto de emoções, e, na pior, a depressão e a frustração.

O problema de ter um bebê é o que vem depois de tê-lo.
— Jean Kerr

Há uma série de razões pelas quais os filhos adultos voltam para casa. Alguns simplesmente não sabem como viver sozinhos. Se foram mimados e cercados de atenção enquanto cresciam, sem nunca terem de fazer muita coisa sozinhos, talvez precisem aprender mais sobre o básico de como administrar suas casas e vidas. No extremo oposto, estão as crianças que, por alguma razão, não receberam atenção suficiente. Procurando o amor e a aceitação que tanto desejam, essas crianças adultas continuam a buscar — e até mesmo a exigir — a atenção dos pais. Essa é uma receita para o ressentimento. Pais que se encontram nessa situação freqüentemente não acham nada engraçado ter de compartilhar sua casa, tempo e recursos, o que resulta no fato de os filhos estarem ainda mais desesperados para se sentir amados.

Um grande número de jovens adultos volta para casa como parte de um plano temporário para economizar dinheiro, pagar os empréstimos educativos, reduzir custos enquanto se formam ou fazer um pé-de-meia para o futuro. Talvez imaginem que seja um bom lugar para ficar enquanto procuram emprego ou esperam para se casar. Se não começam logo uma carreira na área que estudaram, geralmente trabalham em outra coisa, e, daí, muitos contribuem para as despesas da casa.

> *Às vezes, mesmo nas melhores famílias, acontece o nascimento de um bebê. Isso não é necessariamente motivo para alarde. O importante é manter o bom senso e pedir dinheiro emprestado.*
> – Elinor Goulding Smith

Independentemente de como nós, pais, nos sentimos sobre esses acontecimentos no meio da vida, podemos fazer com que a experiência *de-volta-ao-ninho* funcione bem para toda a família. Claro que haverá alguma tensão, mas, assim como em todos os relacionamentos, um pouco de esforço e atitude positiva resolvem boa parte da situação. Nosso empenho para fazer de nossa casa um lugar caloroso e receptivo no qual todos os membros da família possam crescer em seu potencial máximo renderá muitos frutos. Porém, é importante lembrar que, quando nosso jovem adulto volta para casa, ainda estamos realizando a tarefa de pais, apesar de fazê-lo de maneira diferente.

PAIS: 2º ATO

Foi uma surpresa agradável quando, aos 27 anos, nosso filho mais velho vindo do outro Estado, pediu para voltar para casa por alguns meses, enquanto trabalhava para economizar dinheiro e cuidar de um negócio que iniciara na faculdade. Realmente gostamos de tê-lo em casa: ele ajudou bastante nas tarefas domésticas e respeitou nosso tempo e espaço; além disso, adorei ter um "suporte técnico em informática" em casa. Foi uma experiência muito boa para nossa família.

Depois de ter feito um comentário em uma palestra sobre nosso filho ter voltado para casa, uma mulher que chamarei de Susana apresentou-se e me disse que sua experiência com a filha Elizabeth tinha sido igualmente satisfatória. Elizabeth voltara para casa após a formatura da faculdade e antes de começar a especialização em direito trabalhista. Susana disse que tem ótimas lembranças de terem curtido muito uma à outra.

> *Todos os pais são em algum momento o pai do filho pródigo que não voltou, com nada a fazer além de manter a casa aberta para a esperança.*
> — John Anthony Ciardi

Mas com a outra filha de Susana a história foi diferente. Aline, 6 anos mais jovem do que Elizabeth, voltou para casa por necessidade. Ela estava sem dinheiro e sem idéias para um plano de carreira ou para sua vida. Para pânico dos pais, o histórico escolar de Aline estava recheado de notas ruins e problemas com o reitor. Quando finalmente se formou, não conseguia descobrir o que queria fazer, e acabou viajando pela Europa por um semestre, com as contas pagas pela Mamãe e pelo Papai. Então, em um esforço de entender a vida, ela voltou aos Estados Unidos e foi morar com seus pais, que, na época, já estavam bem acostumados com o ninho vazio.

Não foi fácil ter Aline de novo em casa. Com muito tempo livre, Susana decidira voltar à faculdade para graduar-se como terapeuta familiar; ela se acostumara ao silêncio, tão necessário para estudar em casa. Depois de instalada em seu antigo quarto, Aline estava ansiosa para voltar a assistir às novelas e aos seriados de televisão que costumava acompanhar nos tempos do ensino médio e da faculdade. Quando a mãe pedia que desligasse a televisão, Aline revirava os olhos e fazia caretas antes de obedecer. (Já tinham vivido essa batalha antes, quando ela estava no ensino médio.) Mas todos os dias Aline voltava a ligar a televisão nos horários mais impróprios, e ela e Susana discutiam tudo novamente – e a irritação de Susana aumentava a cada semana.

> *Há momentos em que a maternidade parece não ser nada além de alimentar a boca que te morde.*
> — Peter De Vries

Assim os dias começavam e acabavam em uma disputa de gritos – que não era bem o que Susana esperava acontecer. Porém, no decorrer dos seus estudos, Susana começou a ler sobre filhos mais velhos com dificuldades para crescer. São os filhos que simplesmente ainda não estão prontos para encarar as responsabilidades da independência. Se os pais entenderem isso e forem pacientes, esses filhos acabam amadurecendo, saindo de casa para morarem sozinhos e tendo vidas bastante produtivas e significativas. Apenas precisam de atenção adicional e orientação para fazê-lo.

Os filhos precisam de amor, especialmente quando não merecem.
– Harold S. Hulbert

Susana percebeu que a filha precisava de mais tempo para crescer e que ela, a mãe, também tinha algumas coisas a aprender. Na verdade, com o passar dos meses e graças ao fato de Susana ter estabelecido com amor algumas regras e limites na casa, além da necessidade de conseguir um emprego, ela realmente aprendeu algumas coisas sobre Aline – como, por exemplo, que a jovem se sentia mal ao andar à sombra de uma irmã mais velha "perfeita". Susana percebeu que Aline precisava de doses extras de amor, apoio e afeição. Com o tempo, Susana ficou grata por essa experiência inesperada de ter Aline em casa, pois só assim foi capaz de retificar seu erro do passado de supervalorizar Elizabeth. E todo seu esforço valeu a pena: com o passar dos meses, Aline floresceu, tornando-se uma jovem adorável e decidida.

FAZER DA VOLTA AO LAR UMA EXPERIÊNCIA FELIZ

Não importa por qual razão seu filho teve de voltar a morar em casa, sempre há atitudes que você deve tomar para fazer dessa uma experiência agradável a todos. Trabalhar juntos para organizar a vida com instruções amorosas, porém, firmes, é essencial. Quando os filhos adultos voltam ao lar, você não precisa abrir mão da sua casa, do livro que está lendo nem do seu horário para lhes dar apoio. Mas significa que talvez você precise dar uma quantidade generosa de amor, orientação, apoio e energia criativa para ajudá-los a saírem do ninho e conseguirem se sustentar. Aqui estão 10 sugestões para começar bem essa experiência de volta ao lar.

1. *Marque uma reunião familiar.* Logo depois de seu filho voltar para casa, marque uma reunião familiar. Faça um lanche ou sua sobremesa favorita; comida gostosa é sempre um meio de conseguir boa vontade e cooperação. Em primeiro lugar, use esse tempo para firmar seu amor e deixar seu filho saber que você está feliz por tê-lo em casa. Expresse como quer que essa "visita prolongada" seja boa para ele e para você, e declare que quer que sua casa seja um lugar positivo para todos.

2. *Estabeleça um prazo.* Estabeleça um tempo-limite para a experiência de volta ao lar. Essa data pode ser flexível; talvez você concorde que será uma experiência de dois meses, mas venha a perceber, depois desse tempo, que é necessário prolongar a data por mais um mês ou dois. Tudo bem, mas é preciso estabelecer alguma idéia de quanto tempo essa situação vai durar. Todos os membros da família se sentirão mais relaxados se souberem que existe um prazo-limite.

3. *Estabeleça alguns objetivos e um meio de avaliar o progresso.* Se seu filho adulto volta para casa com o objetivo de realizar alguma coisa, como encontrar trabalho, concluir os estudos ou lidar com um vício, converse sobre como você espera ver progresso. Você conhece a capacidade de seu filho em se auto-orientar. Alguns jovens adultos se disciplinam para atingir os objetivos; outros precisam de mais responsabilidade. Talvez você tenha de manter um horário semanal para

discutir com ele a busca por trabalho, para reunir-se com o seu terapeuta ou grupo do AA, ou, ainda, observarem as tarefas e notas escolares juntos.

Nosso maior desejo na vida é alguém que nos leve a fazer o que podemos.

– Ralph Waldo Emerson

---

4. *Estabeleça alguns parâmetros financeiros.* Formule um acordo financeiro que leve em conta os objetivos e situações monetárias de todos os membros da família. Reserve um tempo, pelo menos duas vezes por mês, para pagar contas. Garanta que todos saibam quais são as despesas e qual a contribuição adequada de cada pessoa. No caso de um jovem não poder fazer qualquer contribuição financeira com a casa, ele pode fazer outras, como limpar a casa, cozinhar, fazer consertos ou algumas tarefas – qualquer coisa que ajude os demais membros da família.

5. *Divida as tarefas e responsabilidades da casa.* Qualquer pessoa que tenha o privilégio de morar debaixo do teto de uma casa deve ajudar a cuidar dela e a administrá-la. Divida as tarefas domésticas – cozinhar, limpar, fazer compras, tirar o lixo – entre os membros da família. Faça com que todos se encarreguem da própria roupa suja.

6. *Estabeleça algumas regras básicas de cortesia.* Discuta o que será considerado comportamento civilizado e enfatize a necessidade de tratar um ao outro com educação. Se sua família não fez isso em casa quando seu filho era mais jovem, cuidado para não abordar essa mudança por meio de confrontos. Não diga: "As coisas vão ser diferentes por aqui!" Em vez disso, aborde o assunto com calma, como faria com qualquer outro adulto. Essa é a mensagem que

você realmente quer passar para o seu filho: "Agora que você é adulto, espero que se comporte como tal – assim como eu". É provável que você e seu filho crescido já tenham o mesmo desejo: ser tratados com respeito.

A VIDA NEM SEMPRE É FÁCIL

Um pai de 51 anos contou-me sua história. "Quando minha esposa e eu nos divorciamos, foi muito difícil para os nossos filhos. Todos reagiram de maneiras diferentes, mas nossa filha mais nova buscou consolo em um grupo de crianças que a aceitou... e a levou às drogas. Ela ficou viciada em heroína e, aos 21 anos, estava grávida de um garoto que tinha o mesmo vício. Logo me procurou, precisando de ajuda: ela queria ter o bebê e colocar a vida de volta nos eixos.

Ajudei-a a trazer suas coisas para minha casa e coloquei-a em um programa de reabilitação para usuários de drogas. Desde o começo, eu lhe disse que agora ela era adulta – uma adulta entrando na casa de outro adulto –, e que a trataria dessa forma. Esperava que ela tivesse por mim o mesmo respeito que eu teria por ela. Isso foi um ano e meio atrás.

Agora ela está livre das drogas e agradecida por ter um bebê lindo e saudável. Eu lhe disse que pagaria por seus estudos na faculdade, assim como teria feito quando ela tinha 18 anos; considerei apenas um início tardio. Ela e o bebê foram morar em um apartamento; enquanto ela estuda e trabalha, o bebê fica em uma creche no mesmo bairro em que moram agora.

Se você me dissesse que minha vida seria assim aos 50 e poucos anos, não teria acreditado nem teria desejado isso. Mas essa experiência difícil tem sido uma das mais maravilhosas da minha vida. Fiz alguns sacrifícios, mas acredito que colocar alguns dos meus desejos pessoais de lado por um tempo para ajudar minha filha a firmar seus pés fez com que eu me sentisse melhor comigo mesmo – bem melhor do que teria sido se eu apenas tivesse cuidado das minhas coisas. Acho que ser pai é isso."

7. *Discuta a privacidade.* Conversem sobre a importância da privacidade e tentem criar um plano que dê a todos os que vivem sob o mesmo teto algum espaço e tempo pessoais. Talvez você também precise discutir os pedidos de cada um para usar ambientes separados da casa para reuniões ou entretenimentos, sem que isso cause mal-estar aos outros.

A chave para relacionamentos familiares saudáveis é o respeito mútuo. Isso significa que reconhecemos e respeitamos os limites de cada um – onde quer que vivamos.

– Bill Peel

---

8. *Estabeleça alguns limites específicos.* Outro assunto que precisará ser abordado com as novas pessoas morando na casa são os limites – e a invasão freqüentemente precisa ser verbalizada. Às vezes os filhos (e os pais também) sabem que estão passando dos limites; em outros momentos ninguém faz a menor idéia. Seja como for, o resultado é o mesmo: relacionamentos abalados, conversas incômodas e sentimentos freqüentes de irritação.

Você pode evitar esse atrito conversando sobre as instruções seguintes para evitar que as invasões venham a prejudicar a harmonia familiar:

- Aceitar a recusa de uma pessoa, caso você tenha pedido seu tempo e/ou sua assistência.
- Não abusar da gentileza de alguém exigindo muito mais tempo e atenção do que você sugeriu que precisaria.

- Devolver objetos emprestados na mesma condição em que os pegou e na hora certa. Substituir qualquer coisa que você quebre ou perca.

- Pedir a aprovação da pessoa para usar seus pertences ou bens pessoais.

- Terminar a conversa quando a pessoa disser que está ocupada ou que precisa sair.

- Consultar a pessoa antes de oferecer a sua ajuda ou fazer promessas em seu nome.

- Esperar ser convidado para invadir o espaço de alguém, para explorar seus haveres, vasculhar a bolsa ou mochila, ou abrir portas e armários fechados.

- Aceitar o pedido da pessoa para manter algumas informações em segredo.

- Não violar a integridade de uma pessoa pedindo persistentemente que vá contra seus valores.

- Cumprir os horários dos compromissos. Telefonar se for chegar tarde.

9. *Dê permissão a si mesmo para buscar ajuda externa.* Às vezes, as grandes mudanças na vida são mais do que podemos agüentar sozinhos, e um filho adulto voltando para casa pode ser uma grande mudança. Talvez precisemos da ajuda de especialistas. São poucos os que hesitam em procurar um médico quando doentes. Na minha opinião, pedir ajuda a um terapeuta em um momento de crise emocional, buscar a orientação de um conselheiro espiritual em uma crise de fé, ou conversar com um terapeuta familiar qualificado quando um problema tem o potencial de separar uma família vale

todo investimento de tempo e de dinheiro necessário. Conver-sar com um terapeuta pode trazer novas perspectivas para lidar com os conflitos dentro de nossas famílias e curar a dor do passado. Uma pessoa de fora e com visão objetiva também pode ajudá-lo a saber como e quando é hora de cutucar um filho extremamente dependente para que encare o mundo sozinho.

10. *Recorde regularmente o amor de um pelo outro.* Todos os dias, procure declarar e demonstrar seu amor pelo outro de alguma maneira. Assine seus bilhetes usando: "Com carinho, Mamãe"; termine as conversas por telefone com: "Te amo, viu?"

Meus pais me dizem constantemente como sentem orgulho de mim. Certamente não fui um filho perfeito: passei por alguns anos de rebeldia que, tenho certeza, foram difíceis para eles. Mas sempre soube que, mesmo quando não aprovavam o que eu fazia, me amaram como pessoa.

– Robert, 25 anos

QUANDO OS PINTINHOS VOLTAM PARA CASA, DESSA VEZ COM A PRÓPRIA NINHADA

Nas minhas viagens pelos Estados Unidos, tive o privilégio de ouvir muitas histórias de mulheres como você e eu. Sempre carrego lenços de papel na minha bolsa, prontos para serem entregues às mulheres que compartilham suas histórias, bem como para mim mesma. Não há como escapar: criar filhos não é fácil. Não importa onde você viva, quanto dinheiro ganhe, seu nível de educação, nem se seus ancestrais chegaram ao país em um navio de imigrantes. A tarefa de ser pais é o que nos iguala. Ainda não conheci uma só mulher – e duvido que venha a conhecer alguma – que tenha segurado o filho pela primeira vez e tenha pensado: "Você vai crescer, fazer péssimas escolhas, e não fará nada além de arruinar sua vida e a minha". Não, todas nós olhamos para os nossos milagres tão pequenos e enrugados, esperando e rezando que apenas o melhor aconteça para eles.

Mas, conforme a vida se desenrola diante de nós, dia após dia, enfrentamos dificuldades, algumas das quais não imaginávamos que pudessem acontecer nem em um milhão de anos. Enfrentamos problemas, alguns no nível de crises, e escolhemos como reagir. Um filho que se casa com uma mulher que desaprovamos totalmente não foi exatamente o que planejamos. Uma filha que se encontra vivendo em uma situação abusiva acontece apenas nos filmes feitos para a televisão – pelo menos era o que imaginávamos. Uma filha adulta que volta ao lar com dois filhos no colo – para uma casa que já era pequena antes dela partir – nunca passou pela nossa cabeça.

Um lar é um reino próprio no meio do mundo, uma fortaleza em meio às tempestades e às dificuldades da vida, um refúgio, até mesmo um santuário.
– Dietrich Bonhoeffer

Situações complicadas como essas acontecem todos dias, e não quero fingir que entendo a dor de todos os pais, avós e filhos. Mas sei que há males que vêm para o bem. As circunstâncias difíceis podem nos tornar pessoas melhores, e os momentos duros podem unir uma família de uma maneira que nada mais consegue. Como pais de jovens adultos que sofrem, e que também são pais, nossa reação aos problemas dolorosos fazem uma diferença monumental.

Uma mãe é a amiga mais verdadeira que temos quando dificuldades, pesadas e repentinas, caem sobre nós e quando a adversidade toma o lugar da prosperidade.
– Washington Irving

Uma mulher jovem me contou uma história, e, com sua permissão, vou contá-la a você. Senti-me abençoada ao ouvi-la; penso que você sentirá o mesmo.

Cinco anos atrás, contra os desejos dos pais, Beth se casou com Raymond. Por certo tempo, tudo parecia ir bem com eles. O pai de Raymond o tinha encarregado de uma parte do restaurante da família. Pouco antes de seu segundo aniversário de casamento, Beth deu à luz seu primeiro filho. Um ano e meio depois tiveram outro filho. Passados alguns meses, as coisas começaram a desmoronar.

Beth foi percebendo que Raymond raramente ia para casa nos horários de costume. Como ficou sabendo, ele passava cada vez mais tempo com uma mulher de sua "antiga vida" de viciado em drogas, a qual Beth desconhecia totalmente até então.

Você pode começar de novo a qualquer momento que desejar, porque essa coisa a que chamamos "fracasso" não é a queda, mas o não se levantar.
— Mary Pickford

Um dia, quando Beth voltou para casa depois de pegar as crianças na escola, encontrou Raymond na sua cama com essa mulher, ambos nus e desmaiados, com garrafas de álcool e parafernálias para consumo de drogas bem à vista. Imediatamente, Beth colocou nas malas o máximo que pôde de seus pertences, agarrou os dois filhos e dirigiu por 10 horas até a casa dos pais.

"A ajuda deles foi muito prática", ela disse. "Eles me acolheram, ajudaram-me a encontrar um advogado, concordaram em cuidar dos meus filhos enquanto eu estivesse na cidade em que morava para ir às audiências e também me ajudaram a encontrar um terapeuta que me auxiliasse a trabalhar minhas emoções. Em poucas semanas, sentia-me totalmente em casa e meus filhos já estavam adaptados a outra rotina. Meus pais e eu concordamos que eu deveria ficar com eles até que meu divórcio fosse finalizado e meu ex-marido começasse a pagar a pensão das crianças (o tribunal me deu custódia total). Consegui um emprego de meio período, algo que podia fazer em casa, e em 6 meses fui capaz de conseguir montar um apartamento sozinha."

Quando Beth chegou ao final de sua história, contou-me que seus pais insistiram para que ela deixasse os filhos com eles duas vezes por semana para que ela tivesse tempo de fazer suas coisas – ir ao cinema com as amigas, fazer algum curso etc. E foi assim que ela veio parar no meu seminário. No final de nosso pouco tempo juntas, Beth disse: "Não sei o que teria feito sem o amor e o apoio dos meus pais. Realmente é isso que é ser uma família."

Uma citação que guardei do Papa João Paulo II é capaz de resumir a história de Beth: "Manter uma família alegre exige muito tanto dos pais como dos filhos. Cada membro da família deve se tornar, de maneira especial, um servidor dos outros."

Sem corações não existe lar.
— Lord Byron

Como você pode ver no exemplo de Beth, nossa reação às necessidades inesperadas de nossos filhos adultos pode ser essencial com relação a seu sucesso e contentamento. Nunca subestime sua contribuição como pai – e nunca espere que ela chegue ao fim. A vida tem um jeito de nos distribuir as cartas mais surpreendentes, mas você nunca sabe quando estará com uma excelente mão. Continue jogando com entusiasmo – e mantenha a luz da varanda acesa.

Se sua filha voltou ao lar, a casa que antes era bem calma e arrumada agora está um pouco barulhenta e bagunçada, seu telefone toca mais do que uma vez por dia, e sua agenda talvez inclua deixar os netos no dentista. Sim, é preciso um ajuste, mas leve em consideração o investimento que está fazendo no seu relacionamento com sua filha e netos. Aceitar bem as circunstâncias que a levaram a precisar da sua acomodação temporariamente a deixa livre para tentar corrigir tais circunstâncias – sem o peso da culpa como bagagem. Além do mais, permite que sua filha saiba que o amor incondicional realmente existe.

6
Mantenha Seu Clã Unido

Para nós, família significa colocar os braços em volta um do outro e estar por perto.
— Barbara Bush

$\mathcal{E}$m uma viagem que fiz ao Colorado, meu marido e eu participamos de uma feira de artes e artesanato. Enquanto caminhávamos de estande em estande, admirando o trabalho dos artesãos locais, uma pintura chamou nossa atenção. Ela trazia três jovens garças chinesas em seu primeiro vôo. O artista nos contou que tanto a mãe como o pai ajudam a preparar os filhotes para sua primeira subida e voam com eles durante a primeira migração para o Sul, para que todos possam aprender a rota.

Dê-lhes a luz e os alimente. Dê-lhes a luz, mas não tente possuí-los. Ajude-os a crescer, mas não os governe. Isso se chama "Profunda Virtude".
— Lao-tzu

Fomos para o próximo estande, mas continuamos a conversar sobre como a pintura refletia o ponto da vida em que estávamos. Preparamos nossos meninos para deixar o ninho. Voamos muito perto deles enquanto aprendiam sozinhos onde ficavam as entradas e saídas, os altos e baixos da vida. Agora dois deles estão voando por conta própria, com o terceiro logo atrás. (A propósito, compramos o quadro.)

Agora, já que na maior parte do tempo nossos filhos estão fazendo vôos-solo no céu, nossos papéis de pais mudaram. Nós não os orientamos mais ao longo da rota da migração, e eles viajam com outros "bandos"; na verdade, logo estarão construindo os próprios ninhos. Bill e eu temos a nova tarefa de manter nossa família unida e conectada – não importa a distância para onde voe um de seus membros.

Conforme nossos filhos saem de casa e nosso clã se expande, manter e reforçar nosso relacionamento com eles se torna um desafio maior. Eles têm cada vez mais responsabilidades e interesses externos – carreira, novos amigos, esposas, filhos, enteados –, e nós esperamos até que fossem embora para procurar alguns novos interesses para nós mesmos. Enquanto procuramos redefinir nossos papéis e laços com nossos filhos adultos, também devemos receber de braços abertos as pessoas que eles trazem para nossas vidas – esposas, sogros, enteados – e descobrir como cuidar desses relacionamentos para que todos cresçam e floresçam de maneiras positivas.

PAVIMENTANDO O CAMINHO PARA RELACIONAMENTOS SAUDÁVEIS POR TODA A VIDA

Recebi alguns sábios conselhos de uma mentora e amiga de longa data sobre como manter relacionamentos saudáveis com filhos adultos. Ela me contou as várias promessas que fez aos filhos adultos e sugeriu que eu pensasse nelas como se fossem para mim. Essas promessas podem preparar a fundação para nos mantermos unidos e comprometidos durante a vida toda.

Usando o que minha amiga tinha escrito, desenvolvi o próprio conjunto de promessas, as quais têm mais a ver comigo. Elas revelam o compromisso que tento manter como mãe, não importa as idades dos meus filhos. (Ao ler essas promessas, você vai querer contribuir com suas idéias e/ou objetivos, para o que fizer mais sentido ao seu cenário particular.)

1. *Meu melhor presente será respeitar os seus e os meus limites.* Adoro sua presença e gosto de estar com você, mas terei em mente que nós dois temos as próprias vidas para comandar. Darei valor ao seu tempo, à sua programação e às suas responsabilidades. Manterei contato regularmente por e-mail e tentarei ligar para conversar quando for conveniente. Vou visitá-lo o máximo que puder, mas procurarei ter certeza de que será em um momento adequado para você, antes de já ir aparecendo na sua casa. Em minhas visitas, nunca forçarei minha estada. Caso fique uns dias, tentarei ser uma hóspede bastante útil, respeitando a maneira como você governa seu lar e sua vida. A casa é sua, então não farei perguntas intrusivas nem criticarei a maneira como você faz as coisas. No mesmo espírito, manterei você a par dos meus horários e responsabilidades. Ficarei grata pelo fato de você dar valor ao meu tempo e ser o mais pontual possível nas vezes em que combinarmos de nos encontrar. Ficarei feliz se puder estar sempre disponível para ajudá-lo no que for preciso. Mas serei honesta e direi quando já tiver um compromisso que me impossibilite de auxiliá-lo em um projeto ou nos cuidados com o bebê. Respeitarei sua necessidade de ficar sozinho e de passar um tempo apenas com sua família.

2. *Assumirei que a vida é sua.* Acredito que Deus o criou com habilidades e talentos especiais, portanto, vou apoiar suas decisões e/ou mudanças profissionais. Não vou interferir em suas decisões, ditando onde você deve morar ou como deve gastar seu dinheiro. Não forçarei para que atenda aos meus desejos, não me meterei na vida da sua família, nem tentarei enfiá-lo em um molde que eu tenha criado. No mesmo sentido, não farei da sua a minha vida. Embora sinta orgulho de ser sua mãe, não trarei significado para minha vida por meio de você. Manterei uma vida própria. Não terei minha identidade e contentamento vindos exclusivamente do seu comportamento, estilo de vida ou conquistas.

3. *Sempre o amarei incondicionalmente.* Não vou parar de me preocupar com você ou com seu bem-estar. Talvez não concorde com todas as suas decisões e sinta dor por algumas das conseqüências de suas escolhas, mas sempre o amarei. Sempre respeitarei seu direito de tomar as próprias decisões. Sempre sentirei imenso orgulho de você, mesmo que a pessoa maravilhosa que você é não brilhe em certos momentos.

Recebi o melhor presente de todos, de dois pais maravilhosos: amor incondicional.
— George W. Bush

---

4. *Serei uma boa ouvinte e alguém em quem você pode confiar.* Ouvirei e darei conselhos – se você pedir. Vou tentar manter minha boca fechada quando você não quiser meus conselhos. Não direi "Eu te avisei" se as coisas não saírem da maneira que você esperava. Nem contarei seus problemas a todos os meus amigos. Não serei a fofoqueira da família nem bancarei a "leva-e-traz". Não terei favoritismo. Guardarei seus segredos e seus sonhos nas minhas orações.

5. *Respeitarei o modo como você decidir educar seus filhos.* Não o incomodarei com comentários irritantes sobre como eduquei você. Darei presentes aos seus filhos, procurando não contrariar suas decisões como pais. Não vou tentar inserir minha opinião nos assuntos de vocês por meio das crianças. Não assumirei os cuidados da sua casa nem de sua família. Não vou criticar seu estilo de vida. Embora espere que você siga algumas das nossas tradições familiares, sei que seguir todas as regras e rituais da sua infância será impossível. Respeitarei seus métodos de disciplina quando seus filhos estiverem na minha casa. Darei a eles o mesmo

amor e apoio que dei a você. Vou me esforçar para ser um bom exemplo para eles, demonstrando um caráter positivo e valores fortes no modo como conduzo minha vida.

No importante mundo das relações familiares, quatro palavras são quase tão poderosas quanto as famosas "Eu te amo". São elas: "Talvez você esteja certo".
— Oren Arnold

---

6. *Rezarei por você na sua vida adulta.* Não tentarei forçar minhas crenças em cima de você nem esperarei que acredite nas coisas do mesmo modo que eu. Respeitarei a maneira como você lida com questões espirituais na sua casa. Não vou pretender que você siga meu caminho espiritual.

7. *Serei responsável pela minha vida.* Vou consultá-lo ao planejar meu futuro. Quero mantê-lo bem informado dos meus planos, inclusive do meu testamento. Não usarei sua herança como forma de controlá-lo.

Quando estávamos casados há menos de dois anos e tínhamos apenas um filho, apareceu uma oportunidade de emprego que nos fez atravessar metade do país e isso nos levou para longe de nossa cidade natal, onde estávamos cercados por uma família e amigos maravilhosos – pessoas que conhecíamos desde sempre. Lentamente fomos nos ajustando à nossa nova cidade, fizemos amigos e começamos uma nova rede de segurança.

Apesar de a princípio a mudança ter nos assustado, olhando para trás, temos de concluir que a mudança para longe de nossa base de segurança foi o melhor que nos aconteceu enquanto casal. Isso nos fez depender mais um do outro e desenvolver novas habilidades na vida. Finalmente tivemos de virar adultos e deixar o apoio da infância para trás. Conhecemos um ao outro em níveis mais ricos e mais profundos.

Agora é minha vez de dizer adeus graciosamente aos meus filhos crescidos. É a chance que eles têm de terminar de crescer de uma maneira que nunca aconteceria se ficassem por perto. Faço longas viagens para vê-los, e sempre gosto de descobrir como amadureceram, tornando-se os adultos especiais que são. Realmente são adultos, agora. Estabeleceram os próprios lugares neste planeta.

– Martha, 61 anos

TRAZENDO SOGROS PARA A FAMÍLIA

Ser uma mãezona para a vida toda é um equilíbrio delicado que exige saber quando se envolver e quando se afastar, quando oferecer ajuda e quando manter a boca fechada. Envolve aprender a amar novas pessoas e aceitá-las na sua família. Requer cuidados intencionais e aconselhamento cauteloso. Também exige que se preencha o papel, que geralmente cabe às mães, de ser o elo da comunicação familiar: aquela que reúne os membros dispersos e os mantém informados dos acontecimentos da vida de cada um.

Quando um filho ou uma filha se casa, de repente você tem novos parentes que direta ou indiretamente influenciam seu filho. A perspectiva de toda essa mudança – ganhar um genro ou uma nora e embarcar em um relacionamento com seus pais – pode ser assustadora. Mesmo assim, apesar de começarem como estranhos, o respeito mútuo, a consideração e a comunicação ajudarão a manter um relacionamento cordial e crescente, que deve estar sedimentado no compromisso comum com o bem-estar dos seus filhos e netos. Aqui estão algumas formas para iniciar as conexões com suas contrapartes:

- Descubra como eles comemoram ocasiões especiais em família.
- Demonstre interesse genuíno pelas suas tradições familiares.

Sem uma família, o homem, sozinho no mundo, treme com o frio.
— Andre Malreaux

- Tire muitas fotos que os inclua e envie cópias por carta ou e-mail.
- Sugira que façam uma viagem juntos. Comece devagar, com um almoço e uma tarde visitando algum lugar que interesse a todos.
- Explore os passatempos que vocês têm em comum; demonstre interesse por aqueles que são novos para você.
- Caso eles sejam de uma cultura diferente, aprenda sobre ela. Uma amiga cujo filho estava noivo de uma garota de outra nacionalidade sabiamente pesquisou sobre as tradições familiares e de casamento e sobre as celebrações de feriados do país da moça. Além de pesquisar na Internet e ler livros, ela telefonou para a embaixada daquele país em Washington, D.C., e recebeu muitas informações úteis.
- Diga a esses pais como você gosta do filho deles. Seja específica quanto a algumas qualidades positivas que você percebeu: "Rubens tem uma postura confiante quando conhece novas pessoas." "Anna fez um ótimo trabalho ao deixar o apartamento deles caloroso e aconchegante, não?"

Não importa quantos grupos qualquer pessoa invente, a família sempre prevalece.
— Margaret Mead

- Coordene horários para que seus filhos possam passar tempo facilmente com as duas famílias. Lembre-se: seus filhos não podem estar em dois lugares ao mesmo tempo, então não coloque uma pressão descabida sobre eles para que adiram aos seus horários e tradições.

SEJA UMA ÓTIMA SOGRA

"Nenhuma palavra causa mais pavor e medo entre as pessoas primitivas do que a palavra *sogra*", de acordo com Sir James George Frazer, antropólogo do século XIX. Mas esse não precisa ser o caso. Você pode tomar atitudes para garantir que seja uma presença agradável para a esposa do seu filho ou o esposo de sua filha. O processo leva tempo e exige sensibilidade, com respeito pela privacidade da outra pessoa. Claro que ajuda muito se seu genro ou nora mostrar uma determinação e esforço equivalentes. Mas nem sempre é assim, e você pode controlar apenas a sua parte do relacionamento. Não subestime o bem que você pode fazer visando manter o relacionamento positivo e em crescimento. Aqui estão algumas maneiras de fazer isso:

- Conheça a pessoa por quem seu filho se apaixonou. Procure seus pontos positivos, realizações e interesses.

- Converse com seu genro ou nora sobre como quer ser chamada. Pergunte o que os deixa mais à vontade: chamá-la pelo primeiro nome, mamãe, mãe, tia, senhora? Tente concordar com um nome que incentive o relacionamento.

- Trate-os como colegas. Do mesmo modo que você arruma a casa e oferece comida e bebida para os seus convidados, faça com seu filho e a esposa (veja "Fazendo da Sua Casa um Ímã", no Capítulo 5).

- Descubra os gostos e pratos favoritos do seu genro ou nora. Procure ter sempre em casa a bebida ou a comida de que eles mais gostam.

- Não tente adivinhar o que eles precisam. Espere até que peçam sua ajuda.

- Garanta que sua casa seja agradável aos visitantes. Dê uma olhada nas condições da cama do quarto de visitas, se tiver uma. Durma nela por uma noite. Se você não a achar confortável, ninguém a achará. Coloque a compra de uma nova cama em seu orçamento. E quanto aos travesseiros? Os velhos e mofados podem causar alergia e muito desconforto.

- Ofereça-se para pagar os móveis de um quarto de hóspedes sem luxo, mas confortável, na casa deles. Se a casa for pequena, pergunte se eles querem que você compre um colchonete. A idéia é facilitar o máximo possível a sua ida para lá como convidada, para que você se sinta bem onde será instalada.

- Quando estiver visitando a casa deles, leve algumas coisas que facilitem a sua visita, como o próprio travesseiro ou algo para ler, a fim de que o casal não se sinta obrigado a entretê-la o tempo todo. E não fique muitos dias, não.

- Seja uma boa hóspede. Ofereça ajuda na cozinha e lave seus lençóis e toalhas, se passar a noite. Colabore de maneira não-invasiva: recolha um prato enquanto estiver atravessando a sala de estar e coloque-o no lava-louças, dobre as colchas e ajeite as almofadas do sofá antes de ir para cama, dobre algumas roupas enquanto estiver assistindo à televisão.

- Nunca critique seu filho ou sua filha na frente de seu parceiro. Nunca critique seu genro ou sua nora na frente de seu filho ou filha.

- Não intervenha em questões financeiras do casal. Não faça perguntas nem dê conselhos que não tenham sido pedidos.

Acontece com os conselhos assim como com os impostos: conseguimos agüentar muito pouco dos dois, caso venham até nós de maneira direta.
– Sir Arthur Helps

- Ofereça-se para trabalhar em algo junto com sua nora ou seu genro, como pintar um quarto ou plantar flores no jardim.

- Se estiverem morando sob o mesmo teto, mantenha o senso de humor, seja flexível e respeite a privacidade do outro. Estabeleça regras razoáveis na casa para a limpeza e a ordem, crie instruções para acordos financeiros e converse abertamente sobre o que cada pessoa mais precisa para que isso funcione.

- Confronte os problemas com os membros da família em particular. Tente arranjar tempo para conversar. Fale como se sente, não como quer que a pessoa seja para agradá-la. Se seu genro faz comentários insensíveis, diga: "Você me magoa ao dizer coisas como essas sobre nossa família. Dá para explicar o que o leva a agir assim?"

- Às vezes é preciso estabelecer limites ou assumir uma postura firme sobre determinada questão. Comunique de maneira gentil e sem acusações, caso comece a sentir ressentimento ou que estão aproveitando de você: "Adoro cuidar do bebê, mas, por favor, telefone e me avise com antecedência para que eu possa ver se já não tenho algum compromisso inadiável no mesmo dia".

- Lembre-se: nenhuma pessoa consegue fazer sempre as coisas do seu jeito em uma família. Esteja disposta a abrir mão de alguns detalhes. Se tanto a sua família como a da sua nora têm como tradição abrir os presentes na véspera de Natal e fazer uma grande ceia, talvez você possa combinar de abrir os presentes no dia de Natal e oferecer um grande almoço depois.

Se não consegue se livrar do esqueleto da família, então é melhor fazê-lo dançar.
– George Bernard Shaw

- Mantenha o senso de humor. A nora de uma senhora vivia comentando sobre a quantidade de produtos para o cabelo que a sogra tinha no banheiro, quase todas as vezes que ela a visitava, insinuando que aquilo era um absurdo. "Finalmente, um dia, virei para minha nora e apenas dei risada, dizendo que ela devia ficar feliz por não ter que lavar os cabelos no meu banheiro, pois isso iria confundi-la com tantos xampus diferentes para usar", disse a sogra.
- Nunca coloque seu filho na posição de ter de escolher entre ficar do seu lado ou do lado da esposa.
- Em resumo, trate seu novo genro ou nora como gostaria de ser tratada – como uma pessoa especial e amada.

COMO SER A PIOR SOGRA DO MUNDO

Podemos aprender com os péssimos exemplos assim como com os bons. Provavelmente, você – como eu também – já presenciou ou ouviu histórias sobre situações que são verdadeiros pesadelos com os sogros e que permearam suas perspectivas e expectativas. Para todos nós, que valorizamos nossas famílias, que queremos ficar unidos à medida que elas se expandem, existem três coisas que devemos evitar a qualquer custo – métodos infalíveis de como ser uma péssima sogra.

1. *Seja crítica.* Faça comentários pejorativos sobre como seu novo genro ou nora é incompetente ou ignorante porque tem idéias, preferências ou maneiras de fazer as coisas diferentes das suas. Culpe seu genro ou nora por qualquer

problema que seu filho, sua filha ou os netos vivenciarem. Quando cometerem erros, diga: "Eu te avisei".

Melhor: Lembre-se de que, assim como ninguém é perfeito, ninguém é de todo mau. Dê à esposa do seu filho o benefício da dúvida. Se enxergar características que a preocupam ou se não tiver uma boa sensação em relação a ela, confie em sua intuição, mas dê à pessoa a chance de mostrar suas outras facetas. Perceba que nem todos no mundo compartilham de suas filosofias, preferências e posições políticas – e que isso não é um problema. Procure coisas com as quais vocês concordam. Tente ver o que ela está fazendo certo em vez de enfatizar o que está fazendo diferente – ou errado – no seu ponto de vista.

2. *Seja dominadora e controladora.* Espere que seus filhos e suas famílias estejam totalmente envolvidos com você. Meta seu nariz onde não é chamada, faça perguntas intrusivas e espere que lhe contem tudo. Trate seu filho e sua nova companheira como se fossem incapazes de cuidar das próprias vidas e entre em cena para fazer melhor. Ofereça amor e cooperação somente quando fizerem algo que a agrade. Manipule-os a executar as coisas à sua maneira. Faça com que se sintam culpados quando não fizerem o que você pensa que deveriam fazer.

Melhor: Dê espaço e tempo para que os recém-casados se adaptem. Mesmo se você e sua filha forem muito próximas, perceba que é saudável para ela abrir o próprio caminho e definir a própria família. Respeite a privacidade dela e do marido. Dê-lhes a liberdade de recusar pedidos ou convites que entrem em conflito com seus planos ou prioridades. Não force suas opiniões nem dê conselhos indesejados; espere até que seus filhos peçam. Deixe-os descobrir as coisas sozinhos. Claro que às vezes eles cometerão erros que vão custar os olhos da cara, mas as lições podem ser valiosas na construção do caráter.

Não importa a idade da sua mãe, ela observa os filhos de meia-idade procurando sinais de melhora.
— Florida Scott-Maxwell

---

3. *Seja carente.* Não cuide de si mesma. Permita que as conseqüências e o caos dos seus problemas – vícios, conflitos conjugais, problemas emocionais, questões financeiras – afetem a família do seu filho. Seja dependente da ajuda e do apoio dos seus filhos.

Melhor: Há momentos nas nossas vidas em que precisamos da ajuda e do apoio da família. É para isso que serve o núcleo familiar, mas o caso extremo é quando as pessoas não assumem a responsabilidade de suas vidas e acabam tendo um efeito destrutivo que esgota todos ao seu redor. Em vez disso, devemos ser responsáveis por nossas vidas. Precisamos aprender a nos manter conforme envelhecemos, dando prioridade para nosso bem-estar e cuidados pessoais. Parte dos cuidados pessoais é buscar ajuda profissional para resolver questões que nos arrastam para baixo, levando junto nossos familiares.

É preciso fazer o que você acredita que não consegue fazer.
— Eleanor Roosevelt

Se está tendo problemas para lidar com o cotidiano e os relacionamentos, procure a ajuda de um médico, terapeuta, religioso, consultor financeiro ou uma organização de auto-ajuda – como os Alcoólicos Anônimos, se for o caso. Precisar de ajuda não faz de você uma pessoa fraca, mas precisar de ajuda e não buscar por ela, e ainda permitir que isso afete os outros de um jeito destrutivo, faz de você uma pessoa nada inteligente.

QUESTÕES DELICADAS

Acontece nas melhores famílias. As pessoas se sentem magoadas, criticadas, mal-amadas e rejeitadas. As palavras em si não podem quebrar ossos, mas, quando são ditas com crueldade, podem quebrar os corações. Infelizmente, a crítica é uma toxina que consegue penetrar em muitas famílias, gerando ressentimento, sentimentos ruins e depressão. A crítica nunca é construtiva. Em vez disso, a melhor maneira de mudar o comportamento que você não aprecia em outra pessoa é trabalhar primeiro consigo mesmo.

É muito mais fácil ser crítico do que estar certo.
— Benjamin Disraeli

Caso você se pegue criticando seu genro ou nora, pare imediatamente. Sendo a mãe ou o pai – e, assim, a pessoa mais velha e presumidamente mais madura no relacionamento –, sua reação tem grande força para criar um bom ambiente no qual a cura e o perdão podem entrar em cena para que o amor cresça. Evitar as críticas – não, pensando melhor, construir um enorme forte contra elas – deve ser algo que todos na sua família precisam levar muito a sério. Se você tem um genro ou nora muito crítico em relação a você, olhe bem fundo e tente descobrir como pode contribuir para tal atitude. Faça a si mesma algumas perguntas difíceis, como as questões a seguir:

- Existe algo que você saiba que tenha ofendido seu genro ou nora?
- Você não foi razoável em suas expectativas sobre a freqüência com que vão visitá-la ou que lhe telefonam, onde vão passar

as férias, que tipo de presentes lhe darão, ou como você quer ser tratada?

- Tem feito muitas críticas ou julgamentos?
- Tem respeitado a privacidade deles, ou tem sido intrusiva?
- Você tem sido impaciente ou até mesmo rude?
- Tem mostrado compaixão e amor incondicional?
- *Realmente* tem ouvido e tentado entender por que seu genro ou nora está aborrecido(a) com você?

Encontramos conforto junto àqueles que concordam conosco – crescimento junto aos que não concordam.
– Frank A. Clark

Da próxima vez que palavras ásperas ou olhares sinalizarem que o conflito está borbulhando, tome algumas medidas para neutralizar e entender a situação:

- Primeiro, pare o que estiver fazendo e olhe diretamente nos olhos de quem a estiver criticando. Ouça com atenção o que ele ou ela estiver dizendo. Caso esteja ao telefone, afirme que está ouvindo. Não interrompa. Deixe seu genro ou nora falar.
- Tente ouvir o que está nas entrelinhas – perceba o que está por trás dos comentários. Você pode estar sendo alvo de uma frustração contida ou de alterações nos níveis hormonais.
- Perceba e aceite o fato de que a crítica é o ponto de vista da sua nora, algo que ela toma como certo. Portanto, fazer acusações sobre sua nora estar sendo hipersensível ou irracional não levará a lugar algum. Se as críticas forem exageradas, não fique tentando corrigi-la na hora.
- Não fuja nem mude de assunto. Lide com o problema.

- Não faça gozações sobre as críticas, já que pode ser uma questão delicada do ponto de vista da sua nora ou genro. Além do mais, fazer gozações pode parecer sarcasmo ou menosprezo.
- Tente manter-se aberta para encontrar a verdade. Geralmente, há pelo menos alguma coisa válida, mesmo que seja do tamanho de uma semente de papoula.

As discussões não durariam muito se a culpa estivesse somente em um dos lados.
— François de la Rochefoucauld

- Depois de ouvir as críticas, peça uma oportunidade de resposta. Comece parafraseando o que ouviu para garantir que tenha entendido. Então, compartilhe como se sente frente às críticas e o que acredita ser verdade. Compartilhe seus pensamentos e sentimentos com calma. É muito provável que, depois, seu parente se arrependa do efeito que seus comentários causaram e, assim, pensará duas vezes antes de criticá-la novamente.

Conflitos não sobrevivem sem a sua participação.
— Autor desconhecido

Os relacionamentos são uma via de mão dupla e, às vezes, um dos lados se recusa a caminhar metade do caminho. Se você está tentando construir um relacionamento saudável e seu genro ou nora não está cooperando, perceba que há alguns casos nos quais as conversas não vão ajudar. Seu genro ou nora pode estar lidando com uma questão emocional ou um problema familiar antigo. Se você estiver constantemente dando golpes em uma ponta de faca ao tentar fazer com que o relacionamento funcione, pense em procurar o conselho de um terapeuta familiar ou um pastor treinado para compreender os sistemas de relação e continue fazendo a sua parte.

Seja qual for o resultado dos seus esforços, você saberá que tentou tudo com amor, o que diminuirá sua culpa e sofrimento, caso seu genro ou nora acabe rejeitando suas tentativas de construir um relacionamento positivo.

MEIOS DE MANTEREM-SE UNIDOS

Quer seus filhos vivam a 2 ou 2 mil quilômetros de distância, quer sejam solteiros ou casados, com ou sem filhos, você pode fazer coisas simples para sedimentar os vínculos familiares:

- Pelo menos duas vezes por ano, peça para que cada parte dessa grande família escreva uma página sobre o que está acontecendo na vida de seus habitantes, o que eles têm feito e assim por diante. Faça com que enviem as informações para você ou para outro membro da família a fim de que seja possível reunir tudo e enviar cópias para todos.

- Crie uma página web da família. Essa é a era da comunicação on-line, e uma página web permite que todos, por mais distantes que estejam, permaneçam conectados. Conforme você ou outro familiar que domine a computação atualizar a página, contando sobre a promoção de uma filha ou com a compra do carro novo de um filho, todos os demais podem enviar mensagens de parabéns uns aos outros.

- Diga a seus filhos e netos que podem ligar a cobrar para sua casa sem problema algum. Acredito que esse é um bom investimento.

- Reserve quartos em um hotel perto de um filho adulto que esteja se sentindo sozinho ou isolado, proporcionando aos membros da família um lugar para brincar e nadar juntos, por exemplo.

- Seja voluntária juntamente com sua filha em uma organização ou causa que permita que vocês compartilhem talentos e interesses em comum. Uma família que conheço se reúne todas as férias de verão para determinada tarefa humanitária ou ajuda a alguma instituição. Durante uma semana, eles doam sua energia e tempo; a partir da segunda semana, saem para passear juntos por alguns dias.

- Se seu jovem adulto vive com você ou por perto, comemore uma conquista ou uma mudança na sua vida – grande ou pequena – com a refeição favorita do convidado de honra e um brinde: "Para Melissa, a melhor e mais nova professora da região." "Para Josh, o filho de quem tanto temos orgulho, um brinde ao seu sucesso no novo emprego." "Sara, fomos abençoados por ter você em casa por 18 anos. Um brinde às suas conquistas na faculdade!"

Não são os grandes prazeres que contam mais e sim dar importância aos pequenos prazeres.
— Jean Webster

- Quando seus filhos vêm para casa em uma visita, "por acaso" o álbum de fotografias está em cima da mesa de centro ou no balcão da cozinha. Curta esse momento de olharem as fotos juntos. Planeje uma noite de reunião para assistir aos vídeos da família e rever os trabalhos de escola e os desenhos infantis guardados.

- Envie um presente sem motivo específico, mas que tenha significado pessoal. A tia do meu marido, certa vez, me convidou para almoçar e me deu uma das suas travessas de prata só porque queria que eu tivesse uma. Ela foi muito além só para me fazer sentir como parte do seu lado da família e isso me fez sentir especial. Quero seguir seu exemplo quando tiver oportunidade.

- Os filhos nunca estão velhos demais para jogos. Às vezes basta que alguém dê a sugestão de jogar Banco Imobiliário, War ou Imagem e Ação. Da próxima vez que seus filhos forem visitá-la em casa, tenha os jogos à mão.

- Compre DVDs ou vídeos dos filmes favoritos da família (comece uma coleção) para que vocês possam curti-los quando estiverem juntos. Os meninos, quando estão em casa, gostam de assistir às fitas do *Gladiador* e *Coração Valente*. No Natal, sempre assistimos *Do Céu Caiu uma Estrela*.

As pessoas precisam de alegria tanto quanto de roupas. Algumas precisam muito mais da alegria.
— Margaret Collier Graham

- Escreva um diário com as suas memórias para passar aos seus filhos. Quando encontrar fotos antigas ou lembranças, entregue-as a eles. Durante anos, minha mãe fez um esforço extra para me trazer uma foto antiga ou uma carta cada vez que vinha me visitar – eram cartas de quando eu estava na faculdade, fotos das férias da família e de outras ocasiões que foram preciosas para mim.

- Inicie um livro de gratidão da família. Anos atrás, depois do almoço de Páscoa, começamos a nos lembrar de coisas pelas quais éramos gratos. É divertido olhar o passado e ver o que escrevemos há dez anos – ou até mesmo há um ano. Experimente fazer isso nessa Páscoa. Será uma bênção nos anos vindouros.

- Comece a tradição de ter um momento de apreciação pela família. Prepare os pratos favoritos. Desligue o telefone (o celular também) e sente-se com todos para conversar. Dê espaço para que cada membro da família diga o que aprecia nos outros membros. Fazemos isso hoje, nas festas de final de ano ou nos últimos dias das férias, do mesmo jeito que fazíamos na época em que nós cinco morávamos juntos. É um momento muito significativo, especialmente para nós, os pais, ouvir cada menino dizer o que valoriza nos outros, agora que são mais velhos.

Deixamos sem terminar aquelas coisas que devíamos ter feito; e fizemos aquelas coisas que não devíamos ter feito.
– O Livro de Oração Comum

- Se você tem sua grande família por perto, talvez possa começar com uma tradição de sempre: passar certos feriados ou ocasiões juntos – Páscoa, Dia da Independência, Dia do Trabalho, aniversários. As transições da vida e os rituais religiosos como batismos, confirmações e *mitzvahs* podem se tornar boas ocasiões para compartilhar e celebrar.

- As festas em casa não precisam ser apenas uma desculpa para dar e receber presentes; elas podem ser a inauguração de uma casa que se transforma em lar.

- Reviva algumas tradições antigas da família, reunindo-se para o jantar de domingo, em passeios, jogos, esportes e outras atividades que têm sido agradáveis há gerações. Quando percebemos que estamos fazendo alguma coisa que nossos pais ou avós faziam quando crianças, evocamos sentimentos de continuidade e segurança.

As noites de domingo são uma festa em casa. Nós as chamamos de noite da família. Nossos três filhos, suas esposas e os netos vêm por volta das 18 horas. Eu preparo um lanche rápido que inclua o que os netos mais gostem. Planejo algo divertido para fazer – como a leitura de um livro, se estiver um dia frio ou chovendo, ou artesanato – com as crianças, enquanto meus filhos, minhas noras e meu marido ficam em volta da mesa discutindo os acontecimentos do mundo, alguns filmes e coisas assim.

Então, como uma família unida, cantamos em volta do piano. Tenho sempre um mapa-múndi na parede da sala de jantar (desisti de ganhar o concurso de decoradora do mês) bem como um globo, e passamos um tempo toda semana aprendendo onde ficam os países. Também mantenho na memória uma passagem da Bíblia para dizer a eles.

Talvez isso pareça algo saído de um filme em preto-e-branco, mas não é. Meu marido e eu somos empresários muito ocupados. Nossos filhos são doutores, advogados, empresários e pais. É muito divertido para meu marido e eu criarmos essa oportunidade toda semana de sairmos da correria e curtirmos os simples prazeres de uma família. É uma lembrança semanal para todos nós do que realmente importa na vida.

– Judie, 55 anos

O AVÔ DE TODAS AS REUNIÕES

Uma reunião familiar anual lembra a todos de que estamos juntos na vida por certo tempo – e estamos felizes por isso. É divertido observar as mudanças de ano a ano nas pessoas, especialmente nas crianças. Se for você que instiga encontros na sua família, talvez esteja preparando tudo pela primeira vez. Mas, conforme o tempo passa e a tradição é estabelecida para valer, os outros vão acabar oferecendo ajuda. Certifique-se de ter anotado tudo – sua pesquisa de locais para os quais já foram passear juntos ou ainda querem ir, custos, o que funcionou bem ou não – para a pessoa a quem você passará o bastão.

> *Não importa o que tenha feito para você ou para a humanidade. Se não puder olhar para trás e ver que deu amor e atenção à própria família, o que você conquistou de verdade?*
> – Lee Iacocca

Se você nunca planejou uma reunião familiar, talvez queira começar em uma escala pequena. Por exemplo: quando voltamos para o Texas há alguns anos, depois de uma temporada no Tennessee, uma de nossas prioridades era nos reunirmos com a grande família de Bill. Queríamos que nossos filhos conhecessem os parentes em alguma ocasião que não fosse um funeral. No primeiro ano, oferecemos um jantar para eles, que viviam em um raio de 80 quilômetros, e pessoas de várias faixas etárias vieram: primos com seus recém-nascidos e filhos pequenos, adolescentes no ensino médio, até mesmo a adorável tia de Bill, que, com oitenta e tantos anos, tinha mais energia e vitalidade que qualquer outro ali.

Dicas para uma Reunião Divertida

- Designe um familiar interessado para ser o repórter da reunião: ele ou ela deve reunir informações históricas e fatos interessantes durante o encontro. Depois, junte todas essas informações em um "jornalzinho" da família que comemore esse dia. Imprima e distribua para todos que estiveram lá. Considere também reunir um livro de receitas da família, fazendo com que cada membro traga suas receitas favoritas.

- Peça que cada familiar escreva um fato fascinante, mas pouco conhecido, sobre si mesmo em um cartão. Reúna todos os cartões e peça que alguém leia um por vez em voz alta; veja se os jogadores podem identificar quem escreveu o quê.

- Um artista da família pode trazer um grande quadro da árvore genealógica. Estabeleça um tempo para que as crianças escrevam os nomes de suas famílias nos galhos.

- Homenageie os familiares mais velhos. Peça que descrevam a maior mudança no mundo durante sua vida, a lembrança mais feliz de sua infância e a primeira casa de que se lembram.
- Separe um jogo e um local de brincadeiras para as crianças mais jovens.
- Reviva uma história ao rever os álbuns dos seus familiares.
- No final do dia, premie os familiares nas seguintes categorias: quem tem menos cabelo, a pior queimadura de sol, a melhor risada ou a rainha da maionese de batata.
- Dê a três ou mais membros da família a missão de fotografar e filmar o encontro. Escolha um conhecedor de tecnologia para ficar encarregado de criar uma página web da família, a fim de ajudar que todos fiquem conectados.
- Peça aos parentes que limpem seus guarda-roupas e garagens antes da reunião e tragam alguns itens que gostariam de leiloar. Deixe que uma criança mais velha seja o leiloeiro e outra, o caixa. Use os lucros para cobrir os custos da reunião do próximo ano.

REUNIÃO *VERSUS* RELÓGIO

Hoje o relógio determina como passamos nossos dias mais do que em qualquer outro momento da história. Temos mais lugares para onde ir e mais prazos para cumprir. Talvez os *baby boomers* estivessem prevendo que teriam uma vida mais fácil e menos agitada quando os filhos abandonassem o ninho, mas isso não aconteceu. Se, com razão, você já está esgotado, sem tempo nem energia, a idéia de ser o conector da família pode parecer a última gota que finalmente transbordará o copo.

> *No final da sua vida, você não se arrependerá de não ter passado em mais uma prova, de não ter ganho mais um veredicto nem de não ter fechado mais um negócio. Você se arrependerá do tempo que não passou com seu marido, filho ou pai.*
> — Barbara Bush

Se ao menos pudéssemos jogar fora nossas agendas de compromissos, abandonar nossos empregos, mudar para um condomínio na praia ou uma cabana na montanha, fantasiaríamos que gastamos nosso tempo com coisas importantes – como manter a família unida e em contato. Aí, sim, poderíamos fazer os consertos necessários, reconstruir e reforçar nossos alicerces, reunir-nos mais vezes. No entanto a solução não está na fuga; isso não é nada realista. Pelo menos parte da solução está em rever as prioridades, decidir a importância disso para você e então tomar algumas atitudes, talvez com passos pequenos a princípio, para manter a família unida.

7
Seja um(a) Ótimo(a) Avô(ó)

Tornar-se um avô ou uma avó é uma segunda chance de colocar em prática todas as coisas aprendidas da primeira vez... Mas agora trata-se apenas de amor e nenhuma disciplina.
— Dra. Joyce Brothers

Lembra quando o vovô e a vovó moravam na fazenda da família? Eles podiam ser encontrados em casa a maior parte dos dias, e eram ótimas babás de plantão, além de fornecedores de ovos e frutas frescas, passeios aos domingos sem destino certo, recheados de bolos e tortas e conversas agradáveis na varanda.

Os tempos mudaram e agora nós, a geração faço-minhas-coisas, estamos nos tornando avós. Mas também gostamos de viajar, de ler, somos compradores de antiguidades, alunos de graduação, não-cozinheiros dedicados e, muitas vezes, pessoas aventurando-se em uma segunda carreira – tanto por necessidade como pelo gosto do desafio. Em resumo: não somos o mesmo tipo de avós com os quais crescemos.

Mas espere: podemos ser até melhores.

Aos 50, estamos na nossa plenitude. Somos a geração mais bem-formada, a mais ativa e a mais jovem das gerações mais velhas já vista. Assim como os *baby boomers* redefiniram a juventude e mudaram a cultura dos Estados Unidos por meio da música, do cinema e dos costumes nos anos 60, nós estamos redefinindo o que significa envelhecer e ser um avô ou uma avó do momento – sem cadeiras de balanço, jogo de tômbola ou nos autodenominarmos de "vovós". Sentamos na posição de lótus, freqüentamos aulas de *spinning* e queremos ser chamadas de Nana, Gigi ou Lu. Trazemos energia e entusiasmo a esse papel tão importante e influente. E, ainda mais, somos a geração que gosta de fazer a diferença.

> *Uma dimensão suficiente de civilização está na influência de boas mulheres.*
> – Emerson

Então, o que podemos fazer? Podemos amar e incentivar nossa família, algo que não devemos levar levianamente em um mundo oprimido e magoado. Uma mulher bem-sucedida contou-me que pais alcoólatras e muitas visitas à assistência social fizeram parte da sua fase de crescimento. Entretanto tinha uma influência estabilizadora: uma avó que a adorava.

Também podemos fornecer raízes. De uma maneira única, os avós sempre têm um dom especial de transmitir as memórias de família. Isso evoca visões da época em que a minha avó contou sobre como ela e minha mãe esperaram horas em uma fila debaixo de neve, encantadas, só para assistir a *E o Vento Levou*. Talvez nossas histórias sejam de como acampamos na calçada durante toda a noite gelada para comprar os ingressos para um show de Simon e Garfunkel. A questão é: tudo é história e conecta nossos garotos à própria herança.

> *As caminhadas e conversas que tivemos com nossos filhos de 2 anos que calçavam botinhas vermelhas têm muito a ver com os valores que eles vão cultivar quando adultos.*
> – Edith F. Hunter

Talvez o maior presente que podemos oferecer aos nossos netos seja o presente do tempo, não só sendo babás, como também sendo voluntários ansiosos, prontos a lhes mostrar as maravilhas do mundo.

O tempo investido devolve dividendos sem preço em experiências compartilhadas e amizades que se aprofundam.

Nos Estados Unidos, de acordo com o Instituto Nacional do Envelhecimento (National Institute of Aging), haverá 80 milhões de avós até o ano 2005 e, de acordo com a revista americana *American Demographics*, quase a metade deles será de *baby boomers*.

POR QUE NOSSA GERAÇÃO PODE SER A DOS MELHORES AVÓS DE TODOS OS TEMPOS

- Estamos em forma e nos sentimos jovens, então podemos ser ativos com nossos netos, levando-os a viagens e expondo-os a novas experiências.

- Porque somos bem-formados, valorizamos a educação dos nossos netos.

- Porque muitos de nós aprendemos a duras penas sobre a falta de lealdade das empresas – quantos não trabalharam lealmente durante 25 anos apenas para receber uma carta de demissão assim que as ações na Bolsa de Valores caíram? – e vimos, com isso, a importância de investir na família e não na carreira. Assim, podemos nos derramar livremente no amor por nossos netos da maneira como fazemos com nossos filhos: nutrindo os talentos, escutando os pensamentos, estimulando os seus sonhos.

- Por nos sentirmos bem conosco, podemos ajudar a promover uma auto-imagem positiva e aumentar a auto-estima dos netos.

- Porque somos estáveis, podemos promover um sentido de unidade de família seja a distância entre nós e nossos netos de 2 quilômetros, seja de 300.

- Pelo fato de termos crescido em uma geração que venerava a paz e o amor, podemos ser fontes de apoio e de afeição incondicional, e sem julgamento, para os nossos netos.

ORIENTAÇÕES PARA SERMOS ÓTIMOS AVÓS

Não importa quão excitados estejamos por nos tornarmos avós, é importante lembrar que os pequeninos não são nossos filhos. Não importa quão grandiosos e bem-intencionados sejam nossos planos, precisamos consultar seus pais antes de lhes dar dinheiro, viagens ou levá-los a eventos. E precisamos ser especialmente sensíveis com relação aos objetivos e às orientações que nossos filhos estabeleceram para os filhos deles e como querem discipliná-los.

Palavras gentis podem ser curtas e fáceis de falar, mas a sua repercussão é verdadeiramente infinita.

— Madre Teresa

Você se lembra das cinco orientações que nos ajudaram a pavimentar o caminho para um relacionamento duradouro e carinhoso com cada um dos nossos garotos (anteriormente, no Capítulo 1)? De maneira interessante, muitas das pessoas com quem converso dizem que essas idéias são válidas para bons avós também, embora sejam aplicadas de modo um pouco diferente. Aqui estão as orientações e algumas idéias de como colocá-las em prática.

1. Seja Justo

Não faça exigências insensatas com relação ao tempo e à atenção dos seus filhos e netos. Não monopolize o tempo deles nem espere que automaticamente passem férias com você, como já fizeram antes. Compreenda a necessidade que eles têm de desenvolver as próprias tradições familiares e seja sensível ao fato de que há avós do outro lado da família querendo vê-los também.

É proveitoso sentar com seu filho e a esposa e discutir o assunto abertamente, bem antes das férias e acontecimentos especiais. Se os outros avós têm uma tendência a monopolizá-los, não se permita brigar pelo tempo e atenção que seu filho dispensa à família. Incentive-o a ser firme em relação à justiça e depois se afaste para que ele resolva os problemas. Deixe-o perceber que sua auto-estima ou amor por ele não está interferindo na decisão a ser tomada.

Entretanto conscientize-se disso: em geral, as mulheres tendem a ter mais intenções acerca de relacionamentos do que os homens. A iniciativa de ligar-se às pessoas vem naturalmente do gênero feminino, talvez por surgir do instinto de criar. Sendo esse o caso, se você tem um filho, perceba que a nova esposa pode tender a se sentir atraída automaticamente pela mãe e pela casa em que passou a infância, durante as férias. É mais fácil que os relacionamentos do lado da família do filho se enfraqueçam.

Eis aí um assunto de que Bill e eu temos consciência e sobre o qual já conversamos com nossos filhos. Acreditamos que você pode se contrapor a essa tendência tomando algumas atitudes. Primeiro, conscientize seu filho de que no casamento ele se sentirá dividido entre as famílias, e sua esposa provavelmente tenderá a passar um tempo maior com a família dela.

Segundo, incentive-o a fazer reuniões familiares – nas casas das duas famílias.

Terceiro, faça de sua casa um ímã, um lugar para onde os filhos queiram retornar (veja o Capítulo 5).

2. Seja Firme

É engraçado satisfazer aos caprichos dos nossos netos e mimá-los de alguma forma, mas, quando isso foge do controle, devemos ter cuidado. Não tolere o desrespeito dos seus netos com você nem com os pais deles. Para seu bem-estar e sanidade, eles devem obedecê-lo e demonstrar consideração pelos adultos.

Permitir que os netos lhe faltem com respeito pode ser perigoso para eles e tornar suas visitas desagradáveis. Converse com seus filhos sobre como gostariam que você corrigisse ou disciplinasse os filhos deles. Se você bateu nos seus filhos na fase de crescimento, os pais de hoje em dia não estão certos disso e se mostram sensíveis sobre como e quando disciplinar os filhos, por causa do elevado nível de consciência em relação ao abuso infantil. Discuta como resolver essa questão e trabalhe em conjunto para ajudar os jovens a crescerem e a se desenvolverem de forma positiva.

> Meus sogros têm algumas idéias sobre como criar filhos que são muito diferentes das minhas. Eles me deixavam furiosa e estragavam as férias que passávamos juntos. Os dois queriam bater na mão da minha filha quando ela tocava no que não devia. Não acredito no castigo físico. Os avós criaram os filhos como quiseram, e agora é a nossa vez. Foi muito bom quando meu marido conversou com eles, contando-lhes que o que faziam estava me incomodando e pedindo-lhes que respeitassem nossos pontos de vista. Meu marido disse aos pais que poderiam repreender verbalmente ou mesmo colocar nossa filha de castigo, mas não bater nela. O ambiente ainda fica um pouco estranho quando os visitamos, mas está melhor do que antes.
>
> – Christine, 32 anos

3. Seja Engraçado

Muitas coisas interessantes disputam a atenção dos nossos filhos e netos; assim, a idéia de passar algum tempo com a vovó e o vovô como momento importante em suas vidas não é automática. É importante nos perguntarmos: "Eles querem juntar-se a nós ou têm pavor de estar conosco?" "As visitas são prazerosas?" Coloque o ato de estabelecer recordações com nossos netos no topo da sua lista de prioridades. Entre no mundo deles e organize atividades das quais gostarão. Planeje ocasiões e encontros para celebrar momentos especiais da vida, crie e perpetue as tradições familiares. Mas certifique-se de que você não fique sobrecarregada, tentando tanto fazer o "certo" que não sobre espaço para a diversão. Alegre-se e divirta-se também. Eles irão embora no final do dia ou da semana.

> *Meu pai é o chefe até a vovó chegar. A partir daí, ele se torna um de nós.*
> – Uma criança de 5 anos

Conheço um homem que ama muito os netos, mas o tempo que passam juntos é sempre tenso e sério. Ele ensina e corrige cada movimento dos netos. Mesmo quando algo deveria ser divertido, parece que os meninos sempre fazem alguma coisa errada, e isso estraga muitas oportunidades realmente divertidas.

4. Seja Flexível

A única constante na vida é a mudança; as crianças são previsivelmente imprevisíveis. Esses adágios batidos nunca foram tão verdadeiros. Aceite o fato de que a calamidade e a confusão fazem parte do fato de ter as crianças por perto. Faça a você e à sua família um favor, encontrando humor nas eventuais adversidades e desapontamentos que permeiam cada visita.

> *A maior parte da nossa felicidade ou tristeza depende da nossa propensão, e não das nossas circunstâncias.*
> – Martha Washington

Você não quer que a sua vida gire em torno deles, mas não seja tão rígida a ponto de não poder aproveitar uma visita espontânea ou uma mudança de planos. Deixe o barco correr e não permita que situações inesperadas a impeçam de aproveitar as oportunidades que surgem.

Seja sensível ao fato de as crianças estarem em constante crescimento. Suas habilidades e interesses mudam regularmente. Fique a par das necessidades e dos níveis de desenvolvimento. O que você considera um brinquedo educacional maravilhoso pode ser muito avançado para seu neto. No entanto, você também vai querer evitar brincadeiras sem graça.

5. Seja Afirmativa

Todo ser humano, não importa a idade, precisa ser lembrado do seu valor – valor inato. Também precisamos ser lembrados do nosso aspecto singular e único e da contribuição que podemos dar – como estamos fazendo diferença no mundo. Expressar para a criança sua grandiosidade em potencial traz à tona o que ela tem de melhor.

A felicidade suprema da vida é a convicção de que somos amados.
– Victor Hugo

Como avós, estamos em posição de – e espera-se isso de nós – esbanjar elogios às nossas crianças. O que pareceria exagero com os nossos filhos, vindo de um avô, é perfeitamente aceitável. Temos a oportunidade única de afirmar e influenciar a forte auto-estima nos nossos netos. Que grande presente lhes podemos dar!

Uma atitude afirmativa em relação aos nossos filhos, agora no papel de pais, também tem muita força. Elogiar a nova técnica de ser mãe da sua filha – "Eu nunca pensei em acalmar um bebê dessa maneira. Que grande idéia!" ou "Posso ver que esse bebê ama você, filha!" – favorece o estabelecimento da autoconfiança, tornando-a uma mãe melhor.

PREPARANDO-SE PARA SEU NOVO PAPEL

Para ser um bom avô, é preciso saber o que esperar. Se você não tem estado perto de bebês há duas ou três décadas, acredite em mim, as coisas mudaram muito. Os exames do pré-natal, dos quais muitos de nós sequer ouvimos falar, agora fazem parte da rotina de uma grávida. As normas com relação à gravidez têm relaxado. Uma grande amiga minha é ginecologista obstetra e disse que, dependendo da estrutura do corpo da mãe, algumas ganham entre 10 e 15 quilos, o máximo que muitos médicos permitem. E as mães são incentivadas a continuar jogando tênis ou a participar de aulas de ginástica, se já vêm fazendo isso regularmente e se sentem bem.

Que sentimento é tão bom quanto sentir a mão de uma criança na sua? Tão pequena, tão macia e quente, como um gatinho encolhido no abrigo do seu abraço.
— Marjorie Holmes

A maioria das mães pode ficar sabendo o sexo dos bebês antes do nascimento. A maior parte dos bebês nasce hoje em dia em salas de parto, outros em centros de partos – em vez de em frias e estéreis salas de operação –, onde membros da família podem participar do acontecimento. Alguns hospitais dispõem de parteiras na sua equipe para mães que preferem esse tipo de abordagem. Antes do evento abençoado, uma mãe pode estabelecer um "plano de nascimento" e ter algumas orientações com uma "consultora de lactação".

Em resumo, não sabemos de tudo. Precisamos nos atualizar, ler os livros que nossos filhos estão lendo para se prepararem para a paternidade, pedir às nossas filhas para nos trazerem folhetos das lojas especializadas, a fim de que possamos nos familiarizar com os novos produtos e equipamentos para bebês: travesseirinhos anatômicos e perfumados, mochilas porta-bebê, fraldas descartáveis com gel e outros artigos do gênero. Seguem aqui alguns termos que você deve conhecer:

Amniocentese – Procedimento clínico usado no diagnóstico de anormalidades genéticas no embrião ou no feto pelo exame de células de amostra do líquido amniótico, que são retiradas com uma agulha longa e bem fina do ventre materno. O médico utiliza o ultra-som antes e durante o procedimento para guiar a agulha, a fim de não atingir o feto e a placenta. Por meio da análise do fluido, os médicos podem detectar defeitos neurais, síndrome de Down e outros problemas genéticos. Também pode ser determinado o sexo do bebê. Em geral, as mães com 35 anos ou mais e com histórico de doenças genéticas na família são aconselhadas a fazer esse teste.

Centro de parto – Muitos hospitais nos Estados Unidos têm centros de parto que mais parecem suítes de hotel que salas de hospital. Em vez de se mover de um lugar para outro, a mãe fica nessa sala, conhecida como LDR (*labor*=trabalho, *delivery*=parto, *recovery*=recuperação), ou algumas vezes na sala LDRP (trabalho, parto, recuperação, pós-parto). A equipe vai até ela, levando o equipamento necessário. É permitido que os membros da família fiquem na sala.

Plano de parto – Alguns hospitais permitem que a mãe prepare um plano de parto, estabelecendo de antemão suas preferências, o que inclui itens como medicamentos para a dor e se ela tomará anestesia peridural ou não, acompanhada da avaliação médica.

Consultora de lactação – Pessoa treinada e certificada para ajudar as mães a amamentarem com sucesso.

Sonograma – O sonograma é a imagem do feto criada através do ultra-som. O teste é comumente dado a mães sempre entre a 16ª e 18ª semana de gravidez. Os médicos utilizam esse exame para calcular a idade e a condição do feto, a fim de prever a data do parto, detectar múltiplos fetos e mostrar qualquer anormalidade visível séria. Pode também revelar o sexo do bebê.

Teste triplo – Exame de sangue comum que as futuras mamães fazem, sempre entre a 15ª e a 20ª semana de gestação, que mede três substâncias produzidas pelo feto e pela placenta: AFP (alfafetoproteína), bhCG (gonadotrofina coriônica, fração beta) e estradiol. Níveis baixos ou altos dessas substâncias podem indicar tubo neural, outros defeitos estruturais e doenças genéticas, como a síndrome de Down.

A CHEGADA DE UM NETO

O dia em que o bebê chega é um dia de alegria. Tanto os membros da família que estão próximos como os que estão distantes adoram anunciar o nascimento do novo ser dentre eles. Os avós podem ser uma grande ajuda – ou um grande obstáculo – durante esse acontecimento especial. O segredo é estar atento para o que os pais querem e precisam.

Um novo bebê é como o começo de todas as coisas – maravilha, esperança, um sonho de possibilidades.
— Eda J. Le Shan

Aqui estão algumas dicas para a avó ou o avô com relação às vontades e necessidades dos filhos que acabaram de ser pais:

- Pergunte se – e não tome por certo – eles vão querer que você fique na sala de espera, na sala de parto ou em casa, aguardando para receber o bebê. Acate elegantemente a vontade dos pais, independentemente da sua.
- Não dê sua opinião, caso não tenha gostado do nome dado à criança.
- Respeite a necessidade da nova mãe de estreitar os laços com seu bebê.

- Tire muitas fotos e compartilhe-as com os parentes que não puderam estar presentes no hospital.

- Ofereça-se para fornecer alguns pratos congelados para depois que o bebê chegar; assim a família não tem de cozinhar por uns dias, até ajeitarem a nova rotina.

- Comunique aos outros avós as suas visitas, para evitar desentendimentos e atritos.

- Demonstre afeição aos irmãos do bebê, que podem se sentir esquecidos nessa hora.

- Ofereça-se para lavar roupas, dar recados e levar as crianças aos vários compromissos enquanto os pais estão se ocupando do novo bebê.

- Não apareça na casa dos pais sem ligar.

- Diga aos pais quão grato você está pela nova vida pequenina.

- Não bombardeie os pais com conselhos. Claro que você sabe que o bebê está cansado, com fome ou molhado, mas os pais logo descobrirão isso sozinhos.

- Se o bebê estiver nervoso ou com problemas para dormir, não fique falando para os novos pais como os seus bebês eram bons.

- Presenteie-os com o seu tempo. Se mora perto deles, ofereça-se para tomar conta do bebê uma noite por semana, para que os pais possam sair. Ou ofereça ajuda à sua nora para fazer uma faxina na casa, já que será difícil para ela fazê-la com o bebê precisando de tantos cuidados.

- Continue aprendendo a como ser um bom avô ou avó – consulte sites especializados no assunto.

AVÓS A DISTÂNCIA

Nos dias de hoje em que a grande família está dispersa, é comum que você e seus netos estejam separados por vários quilômetros e horas. A boa notícia é que você ainda pode ser uma presença vital nas vidas dos netos entre uma visita e outra, bem como nas reuniões de família. Aqui estão algumas formas de edificar relacionamentos longos e carinhosos com os pequenos que moram longe.

- Certifique-se de que seus netos têm uma foto sua colocada em algum lugar onde, regularmente, mesmo os mais novos possam ter acesso.
- Leia alguns dos livros que seus netos estão lendo. Você vai ter um assunto para dar início à conversa, automaticamente.
- Grave sua voz ao ler para os netos. Eles aprenderão a conhecê-la.
- Telefone em um horário regular mensal ou semanalmente. Escrever cartas também funciona.
- "Visite-os" por e-mail. Quando a criança estiver com 4 ou 5 anos, provavelmente estará aprendendo a usar o computador para jogar. Uma vez que tenha aprendido a ler, não há forma melhor e mais econômica de manter o contato.
- Considere o ato de escrever uma história com uma criança mais velha: cada um de vocês escreve um parágrafo e envia ao outro por carta ou e-mail, para que possam mexer no texto.
- Inicie o hábito de conversar ao telefone, mesmo com os netos que ainda não sabem falar.
- Descubra horários de jogos dos times dos netos mais velhos, ligados ao esporte. Deixe-os saber que você estará vibrando com a aproximação de algum campeonato, mesmo se você não puder ir ao jogo. O mesmo se aplica a netos com interesses musicais.

- Em uma visita ou viagem de final de semana, confeccione com os netos mais velhos um livro de recortes ou diário dos momentos que vocês passaram juntos.

- Compartilhe um passatempo, talvez jardinagem ou fotografia. Vocês podem trocar sementes ou fotos.

- Arme uma situação na qual só se tem a ganhar: ofereça-se para tomar conta do bebê e de seus irmãos durante um final de semana. Você ganha tempo com os netos enquanto os pais ganham o descanso de que tanto precisam.

Antes de seus netos chegarem para uma visita, descubra sobre suas preferências por meio de carta ou e-mail. Pergunte de que cereais, frutas, sucos e lanches eles mais gostam no momento, bem como qual a hora em que dormem ou acordam. De que tipo de travesseiro eles gostam? Que tipo de programa podem assistir na televisão? O que gostariam de fazer para se divertir?

Quando a família se reunir, considere a qualidade do tempo que você passa com cada neto.

- Leve um neto para visitar um lugar sobre o qual ele está estudando na escola.

- Férias podem ser tumultuadas ou estressantes demais para permitir qualidade de tempo com os netos. Combine de ir a um evento que, embora menos pomposo, seja importante para eles: uma peça de teatro na escola, uma apresentação do coral infantil, um jogo de futebol no meio da semana.

- Lembre-se das datas especiais dos seus netos: aniversário, férias, programas especiais da escola e atividades extracurriculares. Marque essas datas com cartões, pequenos presentes ou ligações telefônicas.

- Talvez você possa patrocinar para o seu neto um esporte ou uma atividade que não se encaixe no orçamento dos pais. Pergunte delicadamente se eles permitem que você o faça.

- Deixe que as crianças lhe ensinem algumas brincadeiras quando vocês estiverem juntos. Aproveite o tempo com eles, fazendo o que mais gostam.

- Faça da família uma prioridade financeira. Separe dinheiro mensalmente para ligações e, se possível, visitas.

- Deixe seus netos saberem que você está sempre disponível. Dê-lhes um cartão telefônico ou deixe bem claro que eles podem ligar a cobrar para sua casa sempre que quiserem.

Invista um tempo na criação de novas atividades.

DIVÓRCIO E AVÓS

Por maior que seja nosso temor, sabemos que alguns dos nossos filhos podem passar pela experiência de um divórcio. As estatísticas são bem conhecidas: de acordo com o US Census Bureau (censo americano) e a Stepfamily Foundation (Fundação da Segunda Família), um em cada dois casamentos termina em divórcio, e 50% das crianças nos Estados Unidos passarão por um divórcio dos pais antes de atingirem os 18 anos.

É dito que os avós são as outras vítimas do divórcio. Se seu filho adulto terminar o casamento, você e seus netos provavelmente experimentarão sentimentos em comum: raiva da situação, impotência com relação aos fatos que fogem do controle, ansiedade acerca do que o futuro trará e tristeza com relação à ruptura da sua família.

A vida é o que fazemos, sempre foi e sempre será.
— Vovó Moses

Aqui estão dicas que terapeutas familiares e de casais sugerem para que você possa navegar em meio a essas águas turbulentas:

- *Alivie a mágoa.* Lembre-se de que esse é um tempo muito doloroso para sua neta; ela precisa do seu amor, apoio e compreensão. Concentre sua atenção nela, não nos pais.
- *Conforte quem está preocupado.* A maioria das crianças acredita que sejam, de certa forma, responsáveis pelo divórcio dos pais. Isso leva à baixa auto-estima. Use esse tempo para apoiar seu neto. Mantenha-se alerta com relação a maneiras de apoiá-lo e faça-lhe elogios.
- *Seja uma ouvinte de confiança.* Incentive sua neta a se abrir e a expressar o que sente, honestamente. Não a condene nem critique.
- *Esteja disponível.* Telefone, mande e-mails ou visite seu neto regularmente. Deixe-o saber que você estará sempre lá, do lado dele. Pergunte como você pode ajudar. Seu tempo significa tudo para ele.
- *Não seja parcial.* Evite fazer comentários que possam prejudicar o relacionamento da criança com os pais.
- *Cumpra as promessas.* Sua confiança é um ponto importantíssimo para uma criança pequena, cuja casa acaba de ser separada em duas.
- *Seja honesta.* Mas não sinta que precisa contar tudo aos seus netos, principalmente detalhes sórdidos que eles não precisam saber.
- *Mostre compaixão.* Faça sua neta lembrar que, embora os pais estejam com raiva um do outro, eles a amam, assim como você. Ajude-a a entender que ela não precisa parar de amar um para poder amar o outro.
- *Mantenha o seu relacionamento alegre.* Organize algumas experiências positivas, agradáveis para seu menino. Ajude-o a ocupar a mente com outras coisas.

- *Mantenha o contato.* Se o divórcio do seu filho ameaça separá-lo dos seus netos, você pode apelar para um recurso legal. Primeiro, tente agendar visitas; se o cônjuge divorciado não cooperar, entre em contato com um advogado sobre seu direito de ver os netos. O país tem leis que determinam a visita dos avós, se for proveitosa para a criança. Para maiores informações, entre em contato com um advogado da Vara da Família; ele terá informações precisas do que deve ser feito.
- *Procure ajuda, se precisar.* Se as circunstâncias exigirem que você cuide das crianças, informe-se sobre o que isso envolve.

TORNANDO A HISTÓRIA IMPORTANTE

Você pode fornecer para seus netos recursos de grande valor acerca da origem da família, das datas marcantes e dos momentos decisivos, contando-lhes sua história. Escrever a autobiografia é um grande exercício por várias razões: primeiro, conecta seus netos ao passado e lhes dá orgulho do nome da família. Segundo, ajuda-o a "pôr a casa em ordem": visitar novamente o passado e livrar-se de antigos conflitos que não têm mais importância.

Para se ter contato com outra pessoa é preciso que se esteja em contato consigo mesmo.
— Michael J. Gelb

Escrever sua história não é um projeto do dia para a noite. É um processo. Você pode estabelecer a meta de trabalhar nisso uma hora por semana. Colecione histórias de membros da família, tire seu livro de recortes de jornais dos tempos de escola e velhos álbuns de fotografia da gaveta. Organize sua história em volta dos temas da sua vida. Não se sinta desencorajado se seus netos não estiverem interessados na história da família nesse momento. É uma boa idéia deixar as recordações e lembranças para depois, quando eles puderem achá-las fascinantes. Uma forma de abordar a história de sua família é responder aos seguintes grupos de perguntas para determinar o que vale a pena registrar:

Grandes Momentos Decisivos

- Que fatos e experiências alteraram a direção da minha vida de forma marcante?
- Quando esses fatos aconteceram? Que pessoas estavam envolvidas? De que emoções eu me lembro mais sobre cada fato? Como a minha vida se modificou?

Família

- Quais membros da família tiveram um papel maior na definição da minha vida? Como eles fizeram isso?
- Que elementos sobre a minha infância e família ajudariam alguém a entender como eu me tornei a pessoa que sou?
- Do que gostei mais e menos na minha família?
- Quais foram as maiores crises e conflitos?
- Quais eram as regras estabelecidas e não estabelecidas?
- Que receitas de família têm sido passadas adiante e por quem?
- Que habilidades especiais meus pais ou outro parente me ensinaram?

Atividades, Educação e Amigos

- Como era a escola no meu tempo? Que matérias estudei? Como a escola de antes se diferenciava da escola de hoje?
- Como eram meus melhores e piores professores?

- De que atividades externas participei? Eu era atlético, inteligente ou os dois?
- Qual o meu livro favorito? Matéria favorita? Atividade escolar?
- Eu tinha uma vida social ativa? Como a garotada se divertia na ocasião?
- Quem eram meus amigos durante o tempo de escola? Ainda mantenho contato com essas pessoas?

Carreira

- Quando eu era criança, o que queria de ser quando crescesse?
- Como acabei nesse trabalho que faço hoje?
- Quais foram meus maiores sucessos e decepções?
- Do que mais gostei nos diversos trabalhos que tive?

Estamos sempre dizendo a eles (os jovens) o que não costumávamos fazer. Não fazíamos porque não pensávamos nisso. Fizemos tudo em que pensamos.
— Will Rogers

Amor

- Que pessoas, lugares e coisas eu amei quando criança?
- Quem foi meu primeiro amor?
- Com quem e onde foi meu primeiro encontro?
- Que papel o amor teve na minha vida?
- Como expressei meu amor pelos outros?
- Como os outros expressaram amor por mim?

Saúde

- Como era minha saúde quando bebê, criança, adolescente e adulto?
- Estava à frente ou atrás dos outros em desenvolvimento?
- Como cuidei de problemas de saúde?
- O que fiz para melhorar minhas condições de saúde?

Fé e Religião

- Fez parte da minha infância freqüentar a igreja, a sinagoga ou outro lugar de orações? Se foi, qual a que freqüentei e por quê?
- Se prestar serviços religiosos não fosse uma tradição de família, eu o teria feito mesmo sem ter sido obrigado por meus pais?
- Eu rezava na ocasião? Eu rezo hoje?
- O que eu pensava sobre Deus na minha juventude?
- Na vida cotidiana, quão importante é a fé?

Os netos não precisam saber de tudo para terem um senso de ligação com o passado. Não coloque para fora a velha "roupa suja": aqueles detalhes horríveis sobre conflitos do passado. Você não precisa tirar as manchas das suas recordações, mas também não tem de deixar que as partes ruins contaminem as boas. Proteja as mentes, corações e sentimentos dos seus netos, deixando de fora o máximo possível de coisas ruins. Eles nunca sentirão falta delas.

FAZENDO A HISTÓRIA DURAR

Se você tem lembranças de família – uniformes, certidões de nascimento ou de naturalização, bens móveis incorporados à herança – empoeirando-se em algum lugar, coloque-as para fora. Convide um neto interessado para ajudar a organizar, etiquetar, armazenar ou guardar os objetos. Escreva as histórias – quem sabe pedindo ao seu neto para digitar no computador, para ficar legível – correspondentes a cada item. Aqui estão mais algumas idéias:

- Considere a possibilidade de fazer um livro de recortes de pequenos fatos históricos com um neto.

- Deixe que os netos escolham algumas fotos velhas para serem copiadas e faça as cópias.

- Compile um livro de receitas com as favoritas da família. Dê início à tradição de ajudar o seu neto a fazer um desses pratos em cada feriado (ou com maior freqüência).

- Coloque filmes antigos de casa em vídeo ou DVD, para facilitar a exibição. Considere a possibilidade de transformá-los em um projeto cinematográfico: para a trilha sonora, peça a parentes mais velhos para compartilharem da história da família e tocar a música apropriada para a época. Deixe que os netos participem da realização do filme o quanto quiserem; dê-lhes cópias do produto final.

- Deixe que os netos gravem antigas histórias, contadas por adultos mais velhos. Ajude-os a listar perguntas para as entrevistas e providencie um gravador.

- Visite um museu com seus netos que reflita a época em que você cresceu. Ou leve-os à sua cidade natal ou à casa em que passou a infância. Mostre-lhes onde você costumava brincar.

- Peça a um neto que domina a tecnologia para gravar fotos preciosas em um disquete ou CD-ROM.

- Planeje uma reunião familiar voltada para crianças. Mostre aos netos fotos de parentes que eles esperam encontrar lá.

- Faça com que os netos criem um museu de família se tiver um lugar disponível na casa. Deixe-os selecionar os itens que deverão constar no museu e organize-os. Depois nomeie-os "guias" e deixe que mostrem e expliquem os itens para os outros membros da família.

- Trabalhe com uma criança mais velha para pesquisar e montar sua árvore genealógica. Pense em colocar fotos nela.

- Quando lembrar e comentar sobre os membros e fatos familiares, certifique-se de que você está enfatizando o aspecto positivo. Seu neto pode aprender com você uma maneira saudável e alegre de olhar para a vida.

UMA CASA À PROVA DE NETOS

Quantos anos faz que você não tem uma criança caminhando pela casa? Para muitos de nós, faz um bom tempo que deixamos de nos preocupar com produtos de limpeza embaixo da pia ou se a tampa do vaso sanitário está ou não abaixada. Quando a última criança deixou as fraldas e entrou na faculdade, compramos a mesa de vidro que sempre quisemos e decoramos a sala de estar com enfeites e badulaques frágeis que simplesmente não eram nada práticos durante os anos de crescimento das nossas crianças.

Só que agora temos netos. E faríamos muito bem em lembrar que 4,5 milhões de crianças se ferem em casa, por ano – 2 milhões feridas seriamente, precisando de assistência médica –, e a casa da Vovó pode conter perigos em potencial tanto como a casa das crianças. Manter um olho vivo nos nossos netos, bem como tomar algumas precauções, manterá os pequenos fora do alcance do perigo.

Aqui estão algumas dicas para manter cada cômodo à prova de crianças, o máximo possível:

Cozinha

- Instale fechaduras em armários e gavetas baixos, que contenham facas amoladas e produtos de limpeza potencialmente tóxicos.
- Coloque utensílios de cozinha longe das bordas dos balcões. Certifique-se de que aparelhos elétricos não estejam pendurados nos balcões.
- Mantenha os pequenos longe do fogão o tempo todo. Demarque a área para que saibam que não é seguro chegar ali.
- Se os botões do fogão estão ao alcance das crianças, use capas protetoras para evitar que acendam o fogo.
- Quando cozinhar, vire os cabos das panelas para dentro do fogão e use as bocas de trás sempre que possível.
- Mantenha os balcões livres de pilhas de louça.
- Coloque uma panela ou frigideira sobre a boca quente até que tenha esfriado.
- Mantenha cadeiras e banquinhos longe dos balcões e do fogão.
- Guarde biscoitos e doces que seus netos possam pegar longe da área do fogão.
- Mantenha as crianças fora da cozinha, quando estiver fazendo fritura.
- Se possível, guarde lixo e materiais recicláveis em um armário fechado ou em lixeiras com tampa.
- Mantenha embalagens e sacos plásticos e de alumínio fora do alcance das crianças. Amarre sacos plásticos em nós antes de guardá-los ou reciclá-los.
- Use jogos americanos em vez de toalhas de mesa para que seu neto não possa puxar a ponta da toalha, trazendo todos os objetos para cima dele.

- Programe o aquecedor para 50 graus ou menos, para evitar queimadura na torneira da cozinha.
- Coloque os talheres na máquina de lavar pratos com os cabos para cima.
- Remova os pequenos ímãs da geladeira – são risco de engasgo em potencial.
- Nunca segure uma bebida quente enquanto carrega seu neto, não importa quão cuidadosa você tente ser.
- Limpe estilhaços de vidro com um pano úmido e descartável e depois aspire o local. Esfregue completamente a área antes de deixar que seus netos retornem à cozinha.
- Mantenha à mão um extintor de incêndio.

Uma segunda lua-de-mel é uma ótima idéia – a chance de vocês dois passarem mais tempo sozinhos, longe da irritação constante da rotina doméstica, com nada para os distrair dos dias de prazer e noites de paixão, exceto uma provável ligação da sua mãe perguntando se há um médico pediatra específico que você consulta, ou se ela pode escolher qualquer um sozinha.

— Dave Barry

Banheiros

- Certifique-se de que aparelhos elétricos, como secadores, estejam desligados, longe da água e fora do alcance das crianças.
- Guarde objetos perigosos – navalhas, tesouras e remédios – fora do alcance das crianças, preferencialmente em um armário trancado.
- Certifique-se de que todos os remédios tenham tampas à prova de crianças.

- Mantenha o assento do toalete abaixado e a porta do banheiro fechada ou compre uma tampa com travas que se encaixem na borda do vaso.
- Programe o aquecedor para 50 graus ou mais frio, para evitar queimaduras na pia e banheira.
- Coloque uma esteira antiderrapante ou decalques de borracha na banheira.
- Use um tapete antiderrapante no chão do banheiro.
- Supervisione os banhos dos seus netos; não use bancos no chuveiro, pois podem provocar quedas.
- Teste a água da banheira, antes de colocar seu neto dentro.
- Jogue uma pequena toalha de rosto sobre a porta do banheiro, quando seu neto o estiver utilizando, para, assim, evitar que a porta se feche completamente. Dessa forma, os pequenos terão menos chance de ficar trancados lá dentro.

Sala de estar e quartos

- Fixe algumas mobílias, tais como estantes, racks de televisão e cômodas que podem tombar, caso uma criança se apóie neles.
- Coloque enchimentos nos cantos pontudos de mesas e outros móveis com bordas pontiagudas.
- Retire do alcance o televisor, o videocassete e o sistema de som.
- Passe fio elétrico ao longo dos rodapés, prendendo-os ao chão sempre que possível. Junte os fios que sobrarem. Verifique regularmente, para ter a certeza de que os fios não estejam desgastados ou sobrecarregados.
- Instale fios curtos nos telefones ou mantenha os fios em local elevado, fora do alcance das crianças. Ou, melhor ainda, use telefone sem fio. Dessa maneira, você elimina o risco de

estrangulamento e preserva sua mobilidade, o que significa que nunca terá de deixar os netos abandonados, enquanto atende o telefone.

- Encurte os fios longos de persianas ou cortinas. Enrole-os em volta de suportes na parede, abra as persianas e amarre os fios com um barbante curto ou compre um arame para prender fios.

- Estabeleça portões de segurança no topo ou base da escada, para proteger crianças pequenas.

- Posicione o berço ou cama de seu neto longe de janelas, cortinas e fios elétricos. Coloque as lâmpadas noturnas pelo menos a um metro de distância de roupas de cama e cortinas, para evitar incêndios.

- Tire moedas e jóias de cima da cômoda e mantenha-as fora do alcance das crianças.

- Acenda as luzes do corredor e da escada para evitar quedas.

- Se tiver netos cujos brinquedos são constituídos de diversas pecinhas, compre caixas para guardá-las, com tampas que fecham hermeticamente.

- Use protetor plástico de tomadas, para evitar choques elétricos.

- Instale uma tela ou proteção de vidro na sua lareira. Remova instrumentos e ferros. Instale telas em volta de radiadores, fogões a lenha e aquecedores a querosene.

- Cubra lareiras ou fornalhas com almofadas de proteção.

- Instale detectores de fumaça no teto, fora das áreas de dormir ou de descanso. Teste o alarme mensalmente e substitua as pilhas duas vezes ao ano.

- Mantenha uma lista de números de emergência (incêndio, polícia, pediatra, centro de controle de intoxicação) ao lado do telefone.

ESTEJA PREPARADO

Enquanto estiver encarregada de um neto, mantenha estes números de emergência ao lado do telefone:

Médico do bebê

Centro de controle de intoxicação

Serviços de emergência médica ou ambulância.

Bombeiros

Em caso de emergência, ligue 190 para polícia, 192 para pronto-socorro e 193 para bombeiros.

Pela casa

- Faça um inventário cômodo a cômodo dos perigos em potencial. Se tiver netos mais novos, abaixe-se e observe o cômodo no mesmo nível deles. Certifique-se de que todos os itens perigosos – produtos de limpeza, perfumes, graxa de sapatos, produtos para cabelo, maquiagem, vitaminas, anti-séptico bucal, remédios, bebidas alcoólicas, cigarros, fósforos e isqueiros – estejam fora do alcance das crianças.

- Mantenha as plantas de vaso em locais inacessíveis; algumas são venenosas.

- Coloque proteção à prova de crianças em todas as tomadas elétricas.

- Use fechaduras de janelas à prova de crianças.

- Proteja a tampa de radiadores e canos de chão, de forma que as crianças não possam arrancá-los.

- Cole adesivos coloridos na altura dos olhos das crianças em portas e janelas de vidros que vão até o chão.

- Coloque protetores à prova de escorregões em escadas não acarpetadas.

- Use fitas adesivas e não escorregadias para carpetes ou capacho viscoso sob as áreas atapetadas de modo a manter os tapetes no lugar.

- Use portões de segurança em ambientes sem portas para evitar que as crianças caminhem em áreas perigosas.

- Instale portões no topo e na base das escadas. Não utilize um portão com fechaduras que cedem à pressão. Se uma criança se encostar nele, poderá deslocá-lo.

- Cubra os trincos das portas dos cômodos nos quais você não quer que as crianças tenham acesso ou instale trincos de colchete para manter as portas trancadas.

- Certifique-se de que você possa destrancar qualquer porta da casa pelo lado de fora, no caso de uma criança se trancar em um cômodo.

- Encoste cadeiras e mesas na parede, não nas janelas.

- Considere a instalação de protetores plásticos ao longo das dobradiças de portas internas utilizadas com freqüência, para evitar que dedos sejam beliscados.

- Para evitar que as crianças se engasguem, retire as capas de plástico que protegem o metal dos breques de porta ou substitua o calço por um com design de uma peça única.

- Tranque as portas dos cômodos nos quais os netos não devem ficar sozinhos.

- Prenda sinos nas portas de saída para ficar sabendo quando uma criança está abrindo a porta.

- Não coloque a mobília de modo a facilitar que a criança suba e alcance uma janela ou prateleira.

ARMAS EM CASA

Se você tem uma arma em casa, tranque-a em lugares onde uma criança não possa alcançar – jamais! A Academia Americana de Pediatria (AAP) diz que a melhor maneira de prevenir ferimentos e mortes causados por armas é removê-las de casa. Entretanto, se você ou seu marido caça, trabalha com o cumprimento da lei ou em outra profissão na qual o uso da arma é necessário, ou se quer uma arma para proteção, conscientize-se de que *qualquer* arma pode ser mortalmente perigosa, caso uma criança a encontre. Assim, esconda-as muito bem!

Segurança externa

- Certifique-se de que qualquer varanda ou área tenha um parapeito e que ele não seja largo o suficiente para que a criança suba nele. Se for assim, cubra-o com Plexiglas, uma rede forte ou grade. Faça o mesmo com as cercas em torno da sua propriedade.
- Mantenha a mobília do pátio longe do parapeito, de modo a evitar que uma criança suba nela e caia.
- Verifique as varandas de madeira regularmente, à procura de lascas.
- Instale um trinco na porta que conduz à varanda ou pátio.
- Instale um trinco do lado de fora do portão, de modo que você possa alcançá-lo, mas seu neto, não.
- Verifique regularmente o balanço e outros brinquedos para evitar ferrugem, parafusos frouxos, lascas de madeira e bordas pontiagudas.
- Certifique-se de que os brinquedos das crianças estejam presos firmemente antes do uso. Teste-os para detectar estruturas potencialmente inseguras.

- Cubra as correntes do balanço para evitar dedos presos e roupas rasgadas.

- Coloque lascas de madeira, areia ou palha embaixo da área do balanço ou da área dos brinquedos. Quanto mais profundo for o revestimento, mais segura estará a criança, caso caia. Certifique-se de que esse revestimento se estenda o suficiente para que, caso seu neto seja lançado de um balanço, caia em uma superfície macia.

- Nunca leve uma criança para passear em um trator ou cortador de grama.

- Não corte a grama com uma criança por perto: a lâmina sempre lança objetos afiados.

- Guarde o equipamento de jardinagem dentro de um abrigo trancado ou em uma parte inacessível da garagem, imediatamente após o uso.

- Se o jardim não for separado da rua por uma cerca, estabeleça uma área de segurança ao longo do jardim da frente para que o seu neto saiba que tem de ficar dentro. Compre cones de segurança alaranjados e ensine seu neto a não ultrapassá-los.

- Mantenha o quintal limpo de fezes de animais de estimação. Mantenha os gatos longe da caixa de areia, cobrindo-as quando não estiverem sendo utilizadas.

- Enrole e devolva a mangueira do jardim para o lugar quando não estiver mais sendo usada.

- Amarre o varal de roupas fora do alcance das crianças.

- Certifique-se de que cercas de madeira tenham postes arredondados e bem lixados. Assegure-se de que uma cerca de correntes não tenha farpas se projetando.

- Ensine seus netos a ficarem longe da churrasqueira.

- Livre-se de plantas venenosas ou tóxicas do quintal ou jardim. Ligue para o centro de controle de intoxicação local para solicitar uma lista de plantas perigosas na sua área.

- Depois de um período de chuvas, remova quaisquer fungos ou cogumelos que surgirem, já que podem ser venenosos.

- Guarde escadas fora do alcance ou prenda-as horizontalmente na parede para que seus netos não fiquem tentados a subir.

- Mantenha o carro trancado para evitar que os netos entrem nele, abram a porta da garagem e o tirem de marcha.

Procure informações sobre segurança na Internet ou em livros. Em alguns sites especializados você pode encontrar informações sobre segurança infantil e outros assuntos vitais para avós.

O QUE FAZ UM AVÔ/AVÓ FORMIDÁVEL?

Dedico este livro a uma grande amiga e mentora de quem sinto imensa falta. Ela compreendeu que os filhos e netos eram um presente imensurável e que ela era de um valor inestimável para eles. Mas só porque tinha 5 filhos e 13 netos, para os quais distribuiu amor, atenção, preocupação e orações, isso não evoca um retrato de uma avó sentada na cadeira de balanço na varanda da frente, descascando batatas. Talvez ela tenha sentado em uma cadeira de balanço, sim, mas depois de ter caminhado cinco quilômetros ou ter jogado duas partidas de tênis. Ou talvez você a encontre descascando batatas uma noite dessas, enquanto prepara um grande piquenique para a família, no quintal. Mas, para obter uma imagem correta dessa mãe e avó, pense em uma pessoa de 62 anos, ativa, sensata, energética, que aparenta e age como se tivesse 10 anos a menos que a idade real. Essa é a minha idéia de avó.

Durante este capítulo, exploramos a infinidade de maneiras para sermos avós úteis, afetivos e vitais. Com toda nossa formação, experiência e conhecimento, talvez a melhor coisa que possamos dar às nossas crianças seja mesmo o simples e velho entusiasmo. Elas sentem quando são amadas ou apoiadas. Percebem e ouvem quão feliz você fica ao vê-las em cada visita (seja pessoalmente, por telefone ou computador), o que faz com que se sintam especiais, importantes e valorizadas. Que melhor construção há para toda a vida?

Quer você seja como minha mentora vibrante quer seja como um avô/avó do tipo "colo quentinho e biscoitos", terá um papel vital no desenvolvimento do seu neto. Sinta-se à vontade para expressar todo o sentimento de alegria que tem por eles – e eles lhe retribuirão o favor.

8
Não Deixe de Se Cuidar

Logo romperás o arco, se o mantiveres sempre tenso.
— Fedro

Se chegou até aqui no livro, é provável que você e eu tenhamos algo muito importante em comum: queremos ser ótimas mães durante toda a nossa existência. Compreendemos a vasta influência que temos sobre aqueles cujas vidas tocamos. Faz parte da massa de onde viemos a vontade de cuidar, alimentar e sacrificar em favor dos que amamos.

Minha mente está sobrecarregada. Corajosa e destemida como sou, sinto o rastejar daquilo que é inevitável: um colapso, se não puder descansar imediatamente. Preciso de alguém que venha me pegar no colo.
— Mary McLeod Bethune

Sacrifício pode ser a palavra com a qual nos identifiquemos mais. Uma amiga minha disse o seguinte: "Quando estava crescendo, comecei a perceber que, quando o prato de frango à passarinho passava pela mesa, minha mãe sempre escolhia a asa ou o dorso. Dizia que eram seus pedaços favoritos, mas eu sabia que não eram. Ela apenas queria que os filhos ficassem com as melhores partes".

"Agora que sou mãe", continuou, "entendo bem a sensação de conquista que vem com o ato de abrir mão das coisas em favor dos filhos.

Faço o mesmo pelos meus e, quando estamos todos juntos em uma ocasião familiar, percebo que minha mãe *ainda* deixa os melhores pedaços para nós e os netos. Nunca se deixa de ser mãe."

Essas notícias são boas e ruins. A maternidade é uma tarefa repleta de maravilhas, satisfação e desafios – por toda a vida. Eu não trocaria isso por nada. Mas as más notícias é que as mães tipicamente sofrem com a negligência. É verdade: quem oferece cuidados recebe o mínimo em troca.

UMA NECESSIDADE NEGLIGENCIADA

Uma das minhas partes favoritas do trabalho é viajar pelo país e conhecer os milhares de mulheres que comparecem aos meus seminários. Adoro ouvir suas histórias e aconselhá-las sobre problemas e questões com os quais estão lidando. Há uma reclamação que ouço com freqüência de costa a costa, de uma fronteira a outra: as mulheres estão tão ocupadas cuidando das necessidades dos outros que não têm tempo para cuidar de si mesmas. Estão esgotadas, sugadas até o fim da energia emocional, física e espiritual. Elas sabem que não podem simplesmente parar de cuidar dos filhos e das responsabilidades da casa, mas se perguntam se vão conseguir dar conta de tudo.

Parece familiar? Sim, quando nossos filhos eram jovens, suas exigên-cias constantes eram exaustivas. Agora são adultos, mas ainda precisam de nós, embora de outra maneira; além disso, muitas de nós também estamos cuidando de pais idosos. Em qualquer idade, a menos que a Mamãe provedora cuide de si mesma, ela não terá a força nem a resistência emocional, física e espiritual necessárias para ir de um extremo ao outro: cuidar dos filhos mais velhos, além de cuidar dos próprios pais.

Quando estamos sobrecarregadas, freqüentemente encontramos muito pouco prazer na vida. Não temos um divisor entre nós e as pressões incansáveis do dia-a-dia. Alguém precisa ceder, e, geralmente, somos nós.

Os pesquisadores acreditam piamente em dois princípios básicos: primeiro, que o homem tem uma capacidade limitada; segundo, que a sobrecarga do sistema leva a um sério colapso na performance.
– Alvin Toffler

O divisor do qual todas nós precisamos vem com o *autocuidado*. Quando temos tempo para nos cuidar, a recompensa vem de várias formas, incluindo o fato de sermos melhores mãe, avó, esposa, filha e amiga. Quando não temos tempo para isso, a recompensa também vem de várias formas. Uma mulher comentou: "Quando me esqueço das minhas próprias necessidades, fico brava com tudo que exige o meu tempo, desde pedidos do meu marido até os da minha mãe, filhos, netos, colegas de trabalho, amigos – até mesmo do cachorro!" Não investir no próprio valor por meio do autocuidado é colocar não apenas a si mesma, como também as pessoas de quem cuidamos em risco. Afinal, uma mãe, esposa ou filha exausta e esgotada não faz bem a ninguém.

DEZ RAZÕES PARA AS MULHERES SE CUIDAREM

1. *Circunstâncias*. Vivemos sob a tirania da urgência: Seja lá o que ou quem estiver gritando mais alto recebe nossa atenção – algo ou alguém que está sempre fazendo barulho. Uma amiga chama a isso de "gerenciamento de incêndios": ela lida com seja lá o que estiver gerando a maior fumaça em determinado momento. "Minha mãe quer que eu a ajude a limpar a garagem, minha filha precisa que eu fique com o bebê, meu marido quer convidar sua equipe de vendas para jantar, minha melhor amiga vai passar por uma cirurgia e precisa que eu a leve e a busque no hospital e a ajude com os cuidados pós-operatórios, meu cachorro está com febre...

Tudo é urgente – pelo menos parece ser –, exceto cuidar de mim mesma."

2. *As expectativas dos outros.* Todos temos tendência a sucumbir aos horários dos outros. Quando foi a última vez que você disse sim a um pedido, simplesmente porque uma pessoa dominadora – talvez um pai ou uma mãe idosos e ranzinzas ou uma filha que parece desesperada – falou com você?

Não sei a chave para o sucesso, mas a chave para o fracasso é tentar agradar a todos.
— Bill Cosby

---

3. *Limites naturais.* Simplesmente não podemos fazer tudo o que há para fazer com o número limitado de horas e a quantidade limitada de energia que temos a cada dia. Devemos fazer escolhas de acordo com esse limite. De volta à minha amiga na razão 1, será que ela não pode limpar a garagem da mãe mais tarde, talvez na próxima semana? Não pode deixar que sua filha encontre outra pessoa para cuidar do bebê? O jantar não pode esperar até que sua amiga se recupere? Até que alguém encontre um meio de adicionar mais uma hora ou duas a cada dia, a resposta para essas perguntas deveria ser *sim*. Quanto à pergunta: "Você deixará que um dia se acabe sem que você tenha reservado um tempo para cuidar de você mesma?", a resposta deveria ser *não*.

4. *Falta de foco.* Se não examinarmos nossa situação de vez em quando, nunca teremos certeza do que queremos ou precisamos fazer porque não paramos tempo suficiente para descobrir. Repensar nossas prioridades e focalizar esse estágio da vida é importante. A avaliação é dolorosa, mas é o primeiro passo para colocar a vida em perspectiva. Visualizar é o

próximo passo – decidir aonde queremos ir na segunda metade da vida e quem queremos ser. Tomar certas atitudes – mesmo que pequenas – para nos movermos em direção à qual queremos ir é o ponto certo para a mudança começar.

Tudo fica diferente quando escolhemos assumir o controle em vez de sermos controlados. Vivenciamos uma nova sensação de liberdade, crescimento e energia.
— Dr. Eric Allenbaugh

---

5. *Apego ao conforto*. Dizem que a definição de insanidade é fazer as mesmas coisas repetidas vezes e esperar que elas mudem. Todos nós tendemos a evitar as mudanças, se possível. Conforme envelhecemos, queremos menos surpresas e um mínimo de inconveniência, e assim evitamos o novo em favor do familiar – mesmo que o familiar represente um padrão inferior. Conseqüentemente, perdemos o lado bom que as mudanças trazem.

A mudança não é feita sem inconveniência, mesmo que seja do pior para o melhor.
— Samuel Johnson

---

6. *Falta de tempo*. Entre família, amigos, trabalho e muito mais, encontrar tempo para nós mesmas parece uma tarefa evasiva, se não impossível. Mas, na realidade, nós temos tempo; é uma questão de como escolhemos gastá-lo. Nunca "encontraremos" tempo para qualquer coisa. Se quisermos tempo, devemos criá-lo.

> *O tempo é a moeda da sua vida. É a única moeda que você tem, e só você pode determinar como vai gastá-la. Tome cuidado para não deixar que os outros a gastem por você.*
> – Carl Sandburg

7. *Medo do fracasso e da rejeição.* A segurança tem um rosto amigável, mas pode decepcionar. Às vezes, o melhor e mais gentil a fazer por nós e por quem amamos é nos arriscar. Talvez você sinta que recebeu aceitação de filho e nora graças à sua disposição para recebê-los no jantar de domingo. Agora você tem receio de dizer que quer ir cedo para a cama nesse dia porque está começando em um novo emprego. Como as coisas estão fluindo tão bem, você não quer sacudir o barco. O problema é que, se nunca pensar no que é melhor para você, seu barco afundará.

8. *Entender mal o processo.* Assim como qualquer hábito ou mudança no estilo de vida, dar prioridade ao autocuidado não é algo que acontece de uma hora para outra. Fazer pequenas mudanças todos os dias, como reservar tempo para ler um livro favorito, comprar um buquê de tulipas ou escrever um diário com seus pensamentos e orações, pode acabar trazendo uma grande diferença na sua vida.

9. *Falta de conexão com o panorama geral.* Quando nossos olhos estão fixos em sobreviver essa hora ou apenas esse dia, não há como começar a planejar a próxima semana, que dirá o próximo mês ou ano. Como diz o antigo ditado, não podemos enxergar a floresta vendo apenas as árvores, e não nos damos a chance de nos afastarmos um pouco para renovar nossa perspectiva de vida.

10. *Orgulho.* Às vezes simplesmente não estamos dispostos a admitir nossa necessidade de mudança ou ajuda. Se não dermos prioridade ao autocuidado, provavelmente estare-

mos usando algo – álcool, drogas, excesso de comida – como escape temporário da realidade. Mas *temporário* é o termo em questão, aqui. Se estivermos tentando escapar de modo nada saudável, só pioraremos ainda mais o problema.

É provável que todas nós possamos nos identificar com uma ou mais dessas razões, mas acredito que haja uma desculpa muito importante por trás disso para nos negligenciarmos assim: *Não nos vemos como pessoas dignas de cuidados.*

Muitas pessoas superestimam o que não são e subestimam que são.
— Malcolm Forbes

Deixe-me fazer uma pergunta: caso eu dirigisse até sua casa hoje e lhe entregasse as chaves de um carro esporte novinho em folha – sem custo algum –, você cuidaria da sua manutenção e, o manteria limpo e abastecido? Acho que sim, não? Se eu lhe desse um cavalo puro-sangue de presente, você garantiria que ele seria alimentado, escovado e que fizesse exercícios? É provável. Por quê? Porque nós cuidamos das coisas que valorizamos. Seria uma experiência reveladora para muitas de nós se déssemos uma boa olhada no que consideramos dignos de atenção.

Uma mulher que conheci há algum tempo cria cães de exposição. Ela cuida tanto de seus cãezinhos que tem um quarto especial na casa só para eles. Ela os alimenta com uma ração muito cara. Quando viajam para as exposições, são transportados em um *trailer* acolchoado e com decoração personalizada. Ouvir sua história me ajudou a pensar nos extremos até onde as pessoas vão para cuidar do que valorizam. Se não nos valorizarmos, duvido que cuidaremos de nós mesmas. E, se não cuidarmos de nós mesmas, certamente colocaremos não apenas nós, como também aqueles que amamos, em risco.

> *Ame a seu próximo como a si mesmo, foi o que nos disseram. Talvez, antes de poder amar a meu próximo com mais eficiência, deva amar a mim mesmo – não no sentido de uma paixão cega, mas no sentido de cuidar, desejar o bem, perdoar quando necessário, ser meu próprio amigo.*
> – Frederick Buechner

Embora colocar as próprias necessidades de lado possa parecer a coisa certa ou mais nobre a fazer, a verdade é que, quando você não cuida de si mesma, não está fazendo favor algum a você, nem ao seu marido, filhos ou qualquer outra pessoa.

> *A amizade consigo mesmo é muito importante porque, sem isso, não se pode ser amigo de mais ninguém no mundo.*
> – Eleanor Roosevelt

Amor – ou a falta dele – forma a base de como nos vemos. Quando amamos as pessoas, estamos dispostos e ávidos para gastar tempo e energia cuidando delas, suprindo suas necessidades e observando-as florescer. Devemos começar a nos ver como pessoas que merecem amor e passar a nos tratar com as mesmas gentilezas que dispensamos aos outros.

Cuidados geram mais cuidados. Quando você dá valor às suas necessidades e desejos, naturalmente. Valoriza os desejos dos outros também. A maneira como nos tratamos inevitavelmente afeta o modo como tratamos os demais. Cuidar de si próprio é uma situação na qual só se tem a ganhar.

VOCÊ SE CONSIDERA ALGUÉM DIGNO DE VALOR E CUIDADOS?

Responder a estas perguntas dará uma boa idéia das áreas em que você precisa investir na prática do autocuidado:

- Você descansa o suficiente?
- Come alimentos nutritivos?
- Faz exames médicos regularmente?
- Toma suplementos vitamínicos?
- Faz coisas que aprecia propositadamente para espairecer como tomar um banho de espuma, cultivar um passatempo, reunir-se com amigos, coloca uma música suave no rádio?
- Faz limpezas faciais e cuida da pele com bons produtos?
- Faz questão de passar algum tempo com pessoas otimistas e estimulantes?
- Faz exercícios regularmente?
- Você lê livros?
- Está, por vontade própria, aprendendo coisas que gostaria de saber mais?
- Você se permite procurar novos passatempos e interesses?
- Você se permite fazer um pequeno descanso no meio da semana para visitar um museu ou ir a um parque?
- Você coleciona idéias e citações que estimulam seu raciocínio ou aprimoram sua vida?
- Você se permite desenvolver seu talento e interesse pela música?
- Freqüenta missas ou aulas que estimulem seu crescimento e compreensão espirituais?
- Compra ou colhe flores frescas para decorar sua casa ou mesa do escritório?
- Reserva um tempo de silêncio para pensar em que ponto da vida você está, seus objetivos e aspirações?
- Escreve um diário com seus pensamentos e orações?

- Mantém um arquivo de sonhos com folhetos e artigos sobre lugares distantes que gostaria de visitar?
- Compra ou procura livros em fitas ou CDs na livraria ou biblioteca próxima para ouvir e aprender no carro?
- Gasta um pouco de vez em quando para comprar algo especial para você?
- Você se permite ganhar uma massagem com certa freqüência?
- Você se permite aprender coisas novas, talvez embrulhos ornamentais para presentes, fotografia ou arranjo de flores?
- Você se recompensa com algo agradável quando termina um grande projeto ou tarefa?
- Você se permite fazer parte de um grupo do seu interesse, tais como de arte dramática, um clube de artesanato, liga de tênis ou coral da igreja?
- Passa regularmente tempo com amigos íntimos que a colocam para cima?

Você, provavelmente, deve ter identificado várias áreas que precisam de atenção. Não cometa o erro de tentar consertar tudo de uma vez. Lide com uma área nessa semana: comece a desenvolver um novo hábito de autocuidado. Seja sua própria mãe e observe os resultados começarem a libertá-la.

SUA REAÇÃO É O QUE CONTA

Quando estamos além do nosso limite, temos três possíveis reações:

1. Podemos culpar os outros. Quando percebo que estou exausta, posso culpar meu marido: "Se você tivesse lembrado de pegar a roupa na lavanderia, eu teria tempo para fazer as compras de supermercado".

2. Podemos nos culpar. "Se eu fosse mais organizada, poderia ter cuidado tanto dos meus afazeres como dos da minha mãe. Sou uma inútil, não consigo nem ao menos me disciplinar."

A arte de ser inteligente é a arte de saber o que pode ser deixado de lado.
— William James

---

3. Podemos aproveitar o melhor da situação: vê-la como ela realmente é – sem usar nosso amplificador embutido para tirá-la de proporção – é uma arte. Depois de alguns minutos de autoflagelo, percebo que ninguém está morto nem ferido. Nada essencial à vida foi perdido. Ninguém fez as compras de supermercado; então, podemos pedir comida hoje e fazer as compras amanhã. Meu marido não é uma pessoa ruim só porque se esqueceu das roupas na lavanderia; nem eu. Qual o grande problema? Ora, não consegui fazer tudo o que precisava. Isso não é o fim do mundo. (Às vezes temos de atravessar as duas primeiras reações para depois chegar à terceira.)

PARE ESSA LOUCURA! ESTRATÉGIAS PARA UMA VIDA MAIS SÃ

Talvez você tenha passado muito tempo sem dizer "basta" para que as coisas chegassem nesse ponto. Você se sente sem esperanças nem saída para esse estado das coisas. Por favor, acredite, você pode começar novamente. Quando a exaustão a ameaça, é hora de simplificar. Conforme começa a lidar com a sua vida para poder aproveitá-la mais, a exaustão se transformará em entusiasmo. Aqui está um plano em quatro passos para você começar:

1. Observe Seu Tempo

O caminho para a serenidade começa com o reconhecimento do que está tomando seus dias. É bastante comum chegar no final da semana e se perguntar o que foi feito do seu tempo. Compromissos demais, circunstâncias aparentemente urgentes e uma lista de afazeres completamente irrealista – assim como uma falta de disciplina – podem se unir para roubar nossas preciosas horas de paz.

Para ajudá-la a descobrir onde seu tempo foi gasto, mantenha um registro de como você passa suas horas nos próximos três dias. Isso pode parecer um pouco chato, mas é importante. Inclua o seguinte:

	Dia 1	Dia 2	Dia 3
Horas regulares de trabalho			
Arrumar-se para começar o dia			
Ajudar a Mamãe e o Papai			
Ajudar os filhos			
Cuidar dos netos			
Compras			
Preparar e comer as refeições			
Ir a reuniões			
Trabalho voluntário			
Conversas ao telefone			
Assistir à televisão			
Navegar na Internet			
Ler e responder e-mails			
Limpar a casa			
Cuidar das roupas da sua família e dos seus pais			
Fazer coisas para sua família e para seus pais			

	Dia 1	Dia 2	Dia 3
Voltar para casa			
Exercícios físicos			
Trabalho em projetos ou passatempos			
Leitura			
Cuidados pessoais (manicure, limpeza de pele, cabeleireiro)			
Procurar objetos perdidos			
Resolver problemas dos outros			
Lidar com problemas financeiros			
Fazer algo só para você ou para se divertir			
Relaxar ou não fazer nada			
Rezar ou meditar			
Arrumar-se para ir para a cama			
Dormir			

Talvez você descubra que está comprometendo muito tempo em vários itens que não são prioridade ou fazendo coisas para as outras pessoas que elas mesmas poderiam fazer. Talvez você também descubra que está passando pouquíssimo tempo com coisas que renovem seu astral.

2. Avalie Suas Escolhas

Agora que você pode ver no papel em que seu tempo foi gasto, é possível avaliar suas escolhas e começar a procurar maneiras de reduzir as tarefas – *coisas para não fazer* – para que possa ter um estilo de vida mais saudável e são.

Use as seguintes perguntas para ajudá-la a começar:

- O que você está fazendo que poderia ser deixado de lado? Você realmente precisa passar aspirador na casa mais do que uma vez por semana? Você poderia ajudar sua filha a fazer as cortinas depois do feriado em vez de fazê-lo agora?

Há duas maneiras de enfrentar as dificuldades: alterando-as ou alterando a si mesma para enfrentá-las.
– Phyllis Bottome

- O que você está fazendo que outra pessoa poderia fazer? Outra pessoa poderia ajudar seu filho a completar os formulários do imposto de renda? Você realmente precisa recolher os objetos jogados pela casa dos outros membros da família? Você tem um irmão ou irmã que poderia ajudá-lo a pagar alguém para limpar a casa dos seus pais?

- Você tem permitido que outras pessoas interrompam seu dia e determinem seus horários? Você precisa atender o telefone toda vez que ele toca? Você precisa verificar seus e-mails toda vez que ouve aquele sinal que indica que você recebeu uma mensagem?

- Há atividades para as quais você transporta seus pais e que, de fato, eles não gostam e poderiam muito bem ficar sem ir?

- Você está comprometida com projetos voluntários só porque não pôde dizer não para a pessoa que a recrutou?

- Você fica com os netos em horários desordenados só para garantir que sua filha tenha tempo de se cuidar, mas acaba com pouco tempo para você mesma?

De vez em quando, saia e relaxe um pouco, porque, quando você voltar ao trabalho, seu raciocínio será mais acertado; permanecer constantemente atarefada fará com que você perca a força do seu raciocínio... Afaste-se um pouco; porque, assim, o trabalho parecerá menor, e grande parte dele poderá passar em um relance, e a carência, a harmonia ou sua extensão serão mais prontamente visualizadas.

– Leonardo DaVinci

- Você faz compras ou seus afazeres quando as demais pessoas estão fazendo a mesma coisa?
- Você gasta muito tempo procurando objetos perdidos ou vasculhando pilhas de papel?
- Você reserva tempo suficiente para fazer algo que renove seu corpo, sua alma e mente?
- O que anda fazendo que não são tarefas de alta prioridade ou importância para você?

3. Faça uma Lista de Coisas para Não Fazer

Depois de avaliar suas escolhas e começar a ver o que rouba seu tempo, faça uma lista diferente: atividades que você decidiu *não* fazer. Aqui estão alguns exemplos:

- *Não deixe que outras pessoas estabeleçam seus padrões.* Só porque sua mãe veio morar na sua casa, não faça suas tarefas domésticas de certo modo só porque é assim que ela sempre fez e continua verificando se há pó na casa todos os dias.
- *Não seja empregada dos outros.* Não faça coisas para os membros da família se eles puderem fazer sozinhos. Se um homem consegue aprender como programar o videocassete para não perder o jogo do campeonato mundial, ele também pode ligar o microondas para esquentar seu jantar. Se uma mulher idosa pode assistir às novelas, ela também pode dobrar a roupa lavada enquanto estiver sentada na frente da televisão.
- *Não permita que outras pessoas interrompam seu dia.* Deixe que o correio de voz ou uma secretária eletrônica atenda às chama-

das. Retorne a ligação quando for conveniente para você. Se sua filha liga só para colocar o papo em dia, procure conversar enquanto estiver fazendo outra coisa – como preparando o jantar – ou combine um encontro regular para bater papo.

- *Não marque coisas demais na sua agenda.* Pense com honestidade por que você está envolvida em tantas atividades extras. Você precisa dar aulas na escola dominical *e* fazer parte do comitê da igreja? Você precisa estar em todos os jogos de que seus netos participam, ou poderia limitar-se a um ou dois jogos por mês?

A hora de relaxar é quando você não tem tempo para isso.
— Sydney J. Harris

- *Não deixe que outras pessoas determinem o que é mais importante.* Decida o que você e sua família valorizam. Estabelecer prioridades vai ajudá-la a focalizar seu tempo e energia e saber quando dizer sim e quando dizer não. Por exemplo: se você decidiu que uma prioridade é fazer hidroginástica e depois almoçar com amigos uma vez por semana, trate esse momento assim como faria com uma consulta médica: algo que você não pode cancelar nem postergar.

Não podemos ser uma fonte de força a menos que alimentemos a própria força.
— M. Scott Peck

- *Não se esqueça de si mesma.* Conforme pensa nas coisas que não vai mais fazer e começa a retirar itens da sua lista de afazeres, não elimine o que a nutre. Na verdade, nos espaços de tempo que você cria, é uma boa idéia adicionar algumas coisas que fazem da sua saúde e serenidade uma prioridade. Permita-se sentar fora de casa e ler um livro. Marque um horário com a massagista. Reserve um horário para exercícios físicos.

4. Conheça as Atividades Que Não Mudam

Comprometa-se com seu sistema de apoio à sua vida pessoal. Conheça as coisas que não mudam: hábitos e ações na sua vida que são preferenciais, não importa quem estiver forçando a barra para que você faça as coisas de maneira diferente. São atividades que você não deixa de fazer, e deveriam incluir métodos de autopreservação.

MINHAS ATIVIDADES QUE NÃO MUDAM – E AS SUAS

Todos nós temos períodos na vida que são mais difíceis e exaustivos do que outros. O estresse vem de muitas formas: problemas físicos, o pai ou a mãe que vem morar conosco, um filho de 27 anos que parece não conseguir firmar o pé, o fato de estarmos agora cuidando dos netos, um problema financeiro que nos deixou frustrados e alarmados. Seja qual for a causa, cada um de nós deve decidir que, não importa o que estiver acontecendo na vida, essas são atividades que fazemos regularmente para cuidar de nós mesmos.

Aprendi essa lição cedo na vida, quando meus filhos estavam em seus anos mais agitados. Eu cuidava de todos, mas não conseguia cuidar de mim e acabei no hospital. Não quero voltar para lá e, desde então, tenho cumprido religiosamente minhas atividades imutáveis. Para mim, isso significa que não importa o que a vida me traga:

Vou procurar cuidar do meu corpo com sabedoria, tomando vitaminas, alimentando-me adequadamente, fazendo exercícios regulares e bebendo muita água.

Vou cuidar da minha mente, lendo e aprendendo.

Vou alimentar meu espírito com o estudo da Bíblia e orações.

Pedi a várias mulheres que me contassem quais as suas atividades imutáveis. Enquanto as lê, pense nas próprias atividades. Não importa o que aconteça, eu vou:

Fazer algo que me deixe feliz todos os dias.

Encher minha banheira e ler parte de um romance. (Tenho um travesseiro à prova d'água que gruda na banheira com ventosas e uma mesinha que coloco sobre a banheira. É perfeita para manter o livro fora d'água.)

Vestir-me. Ficar de roupão o dia todo me deixa deprimida.

Fazer as unhas.

Estudar a Bíblia. Isso alimenta meu espírito.

Dar uma passada no meu café favorito. Há cadeiras grandes e confortáveis nas quais me sento, bebo meu café e leio com atenção minha pilha cada vez maior de catálogos. Não levo o celular comigo, é um momento só meu.

Fazer minha aula de ginástica.

Fazer limpeza de pele regularmente.

Escrever no meu diário.

Passear com os meus cachorros.

Tirar uma soneca. (Quando li que Albert Einstein e Thomas Edison tiravam sonecas no meio do dia para que pudessem trabalhar melhor nos seus experimentos, decidi me conceder a liberdade de fazer a mesma coisa.)

Jogar tênis.

Durante nossas vidas, alguns dias são frenéticos, mas em todos os dias temos pelo menos alguns minutos para oferecer carinho a nós mesmas.

QUEM É VOCÊ?

Talvez tenha negligenciado a si mesma por tanto tempo que você se esqueceu do que gosta ou de quem você quer ser. Se estiver tendo problemas para imaginar até mesmo o panorama geral das suas atividades que não mudam, experimente o seguinte exercício. Você não precisa se limitar a três respostas para cada pergunta, mas descobri que as três primeiras coisas que vêm imediatamente à mente são com freqüência os desejos secretos do seu coração.

- Escreva as três coisas que costumava gostar de fazer e quer fazer de novo. Escreva três coisas que você quer pelo menos experimentar para ver se gosta.

  _____
  _____
  _____

- Escreva três coisas que você sabe que seriam boas para o seu corpo.

  _____
  _____
  _____

- Escreva três coisas que você gostaria de mudar na sua aparência.

  _____
  _____
  _____

- Escreva três hábitos que você gostaria de eliminar.

  _____
  _____
  _____

- Escreva três hábitos que você gostaria de incorporar à sua vida.

  _____
  _____
  _____

- Escreva os títulos de três filmes que você gostaria de ver.

- Escreva três livros ou revistas que você gostaria de ler.

- Escreva três coisas que você sente que a alimentariam espiritualmente.

- Escreva os nomes de três amigos/as que você gostaria de ver com mais freqüência.

- Escreva três passatempos que parecem divertidos.

- Escreva três habilidades que você gostaria de aprender.

- Escreva três lugares para onde você gostaria de ir nas férias.

Depois de fazer isso, dê uma olhada em sua lista. Quem é a pessoa que gostaria de fazer essas coisas? Como ela passa seu tempo? Como ela é? Você gostaria de conhecê-la melhor? Está começando a enxergá-la?

Agora, o que essa mulher considera como atividades essenciais? Comece sua lista!

VOCÊ NÃO É A RAINHA DE TUDO

Isso não é ótimo? Admita que você é humana, não sobre-humana. Você não pode ser responsável pelo mundo todo. Não pode fazer tudo o que precisa ser feito; independentemente de seu valor, você não vai suprir as expectativas de todos. Essa é a realidade e sua liberdade.

Perceba que toda pessoa sã tem de viver por meio de suas prioridades nos relacionamentos, incluindo seu relacionamento consigo mesma. E, como cada dia é um novo dia cheio de oportunidades, desafios, necessidades e exigências da família, lidar com essa parte da vida não tem uma fórmula fácil. É um processo constante. Quando explodir e você se sentir esgotada, conceda-se a liberdade e o tempo necessários para se recuperar – e determine que fará escolhas melhores da próxima vez.

Quando você aprender a dizer sim para si mesma e não para as exigências desnecessárias do seu tempo, descobrirá uma nova energia para realizar o que é importante. Você terá menos estresse e mais paz de espírito. É a cura máxima para a loucura iminente bem como o melhor presente que pode dar a si mesma e aos demais à sua volta.

Vá em frente – pegue uma coxa ou o peito. Esse frango também é seu!

9
Isso É Que É Ser Família

Compromisso, trabalho árduo e perseverança são, de fato, elementos essenciais do sucesso de uma família moderna. Mas hoje, não menos que ontem ou o dia anterior, as recompensas são inigualáveis, assumindo a forma de amor, amizade profunda, carinho, mutualidade, refinamento da alma – e muita risada para agitar.

— William Bennet

Nossa família gosta de ouvir as histórias de Garrison Keillor sobre o lago Wobegon, onde todas as mulheres são fortes, os homens bonitos e as crianças estão acima da média. Eu viajo para muitos lagos Wobegon – e vivo em um deles também –, lugares onde há muitas pessoas bonitas que vivem em lindas casas, dirigem lindos carros e têm lindos filhos. Essas pessoas parecem tão bonitas do lado de fora que é tentador pensar que existe, sim, algo como uma família perfeita – e que a minha não é uma delas. Deus deve ter se esquecido de nós quando estava fazendo famílias cinco estrelas.

Mas, no fundo, eu sei que isso não é verdade. Nenhum de nós tem uma família perfeita e livre de sofrimentos. As tempestades da vida atingem ricos e pobres, educados e sem estudos, jovens e adultos... todos da mesma forma. Nenhum de nós sabe o que o amanhã trará em forma de dores e sofrimentos, ossos quebrados, infecções, doenças, acidentes de carro, falência, divórcio, decepção, traição, negligência, abuso, ataque terrorista ou morte. Duvido que haja uma só pessoa que possa dizer que não vive o sofrimento de alguma forma todos os dias.

Os grandes e os pequenos sofrem os mesmos contratempos.
— Blaise Pascal

O que separa as famílias saudáveis das não-saudáveis não é o fato de algumas terem problemas – porque isso todas as famílias têm –, mas como lidam com eles. As famílias saudáveis entendem que o lar é um lugar para descansar e encontrar um ombro amigo, um ouvinte, um abrigo em momentos de necessidade. As famílias saudáveis cuidam de seus laços e prestam atenção a qualquer coisa que cause tensão ou ameace os relacionamentos. Fornecem treinamento prático para que os seres humanos em crescimento saibam como lidar com uma variedade de sofrimentos emocionais e físicos, já que cada pessoa recebeu amor e observou esse carinho ser dado aos demais.

A vida se torna mais difícil para nós quando vivemos para os outros – mas também se torna mais rica e feliz.
— Albert Schweitzer

Quando nos encontramos em meio a dificuldades, sabemos que momentos como esses são parte de toda a vida. Não são interrupções desprezíveis que podemos deixar de lado ou tentar negar para que tudo possa voltar ao "normal". Sabemos que essa é a vida normal. E estar presente em momentos de dificuldades e sofrimento, bem como em momentos de alegria e celebração, é o que realmente importa.

Há quatro maneiras de uma família saudável ajudar seus membros a se preparar para a vida e a se engajarem nela:

    1. Ela fornece estabilidade emocional. O ser humano tem necessidade de se sentir parte do todo. Por mais dolorosos que possam ser os relacionamentos para alguns, nós buscamos a intimidade: conhecer uma pessoa e ser conhecido por ela é essencial para o desenvolvimento emocional e para nossa segurança. A família é o lugar que nos abriga do estresse e das exigências da vida – um lugar onde estamos a salvo, perto das outras pessoas e podemos receber seu amor e aceitação simplesmente porque somos uma família. Não importa nossa aparência, o que fazemos, se somos inteligentes ou quanto dinheiro temos. Quando uma família fornece esse tipo de força emocional, cada membro tem uma plataforma estável de onde se lançar em um mundo revolto e enfrentar com coragem as crises da vida.

A corrida da raça humana acabaria, caso todos parassem de se ajudar. Não podemos existir sem a ajuda mútua.
— Sir Walter Scott

Alguns anos atrás, passei por um momento muito difícil. As pessoas em quem mais confiei haviam me decepcionado. Meu código pessoal de ética foi testado, conforme os indivíduos tentavam me persuadir a concordar com decisões de negócio e alianças que eu considerava moralmente erradas. Uma batalha judiciária se seguiu, deixando-me emocionalmente frágil e financeiramente esgotada. Senti-me um grande fracasso. Houve dias em que me perguntava se poderia seguir em frente. Mas acredito que não apenas segui em frente como também saí disso tudo mais forte e esperta. Afinal, eu tinha pais que me ligavam para afirmar quanto me amavam e acreditavam em mim, um marido que me ama e se importa comigo e me diz todos os dias como Deus me ama, e filhos que atravessaram esses momentos difíceis comigo, encorajando-me com suas palavras, e-mails, bilhetes e orações. Ser lembrada de que há pessoas que me conhecem – meu lado bom e meu ruim – e ainda assim me amam e acreditam em mim foi uma terapia poderosa.

O amor é a necessidade básica da natureza humana, porque, sem ele, a vida fica rompida emocional, mental, espiritual e fisicamente.
– Dr. Karl Menninger

---

2. *Ela fornece a viabilidade econômica.* Através da história, podemos ver que, quanto mais próximos os homens e as mulheres viviam da subsistência, mais precisavam um do outro. Era necessário que todos em uma família trabalhassem juntos para que sobreviver fosse possível. Qualquer força que ameaçasse a estabilidade da família também ameaçava sua sobrevivência. Do mesmo modo, no começo da história da América, suas grandes famílias eram a chave para a sobrevivência na fronteira.

Hoje, as forças econômicas que ameaçam a família são diferentes. Não precisamos trabalhar todos juntos na fazenda para garantir nossa sobrevivência, mas ainda podemos trabalhar juntos, mesmo quando estamos a milhares de quilômetros de distância, graças à tecnologia, ajudando cada um a seguir em frente e ter sucesso. Quando um filho está tentando erguer o próprio negócio, podemos enviar informações úteis por meio da Internet. Podemos orientá-lo pelo telefone, quando pedir nosso conselho sobre como lidar com um chefe difícil. Quando uma filha tem um bebê no último semestre da faculdade de medicina, podemos ir até ela para ajudá-la com a casa e o bebê. Agora mesmo, enquanto passo as noites acordada para terminar este livro, meus pais me telefonam para me animar, meu marido está encontrando tempo em sua agenda para ler e analisar o que estou escrevendo, nossos filhos que moram em outra cidade entram em contato diariamente para me encorajar, e nosso filho que mora conosco sempre pergunta se pode ajudar com os afazeres que não tenho tempo de realizar. Estamos comprometidos com o trabalho em equipe por toda a vida porque somos uma família.

Estamos todos no mesmo barco, no mesmo mar revolto, e devemos uma imensa lealdade ao outro.
— G. K. Chesterton

---

3. *Ela fornece treinamento cultural.* O lar é o lugar em que o conhecimento sobre a vida, os valores, as tradições e os costumes passam dos avós para os pais e para os filhos. Imagine uma corrida de revezamento na qual uma geração entrega, em vez do bastão, aquilo que considera valioso: como vê o mundo, sua definição de verdade e no que se baseiam suas crenças. Assim como em uma corrida, às vezes a entrega do "bastão" é suave, e, em outros momentos, ele cai no chão – porém a corrida continua... não importa como a entrega seja feita.

Seja lá o que for que você espera passar para os seus filhos e netos, é preciso fazê-lo de forma intencional. Se não formos intencionais, outras forças da sociedade responderão às perguntas sobre suas identidades, seus parâmetros para certo e errado e o que é importante na vida – e podemos não gostar das respostas fornecidas. Índices cada vez maiores de violência e assassinatos praticados por jovens adultos deveriam fazer com que nós, pais, verificássemos onde está nosso bastão.

4. *Ela fornece treinamento de relações.* O fato de tratarmos os outros com respeito e dignidade ou com indiferença e apatia é em grande parte uma questão de como aprende-

mos a nos relacionar com a própria família. Como resolvemos conflitos; como expressamos amor e afeição, raiva e frustração uns com os outros; se respeitamos figuras de autoridade ou não – todas essas coisas que reunimos no contexto da família.

A história nos ensina que não há substituto para a família, se quisermos ter uma sociedade que sustenta o melhor dos seres humanos.
– Ray Lyman Wilbur

Aprendemos a valorizar e tratar os outros pelo que vimos como modelo na nossa família. Um dos contos de fadas de Grimm fornece uma ilustração pungente. Conforme narra a história, uma mãe, um pai, seu filho de 14 anos e o avô já idoso viviam juntos. As mãos do avô eram instáveis, e, durante as refeições, era freqüente ele errar a própria boca. Os outros membros da família acabaram, então, por retirá-lo da mesa para que ele comesse no canto da sala, sozinho e envergonhado. Certo dia, depois de derrubar a tigela, eles retiraram os utensílios do avô, deixando que comesse de uma gamela.

Logo depois, o pai encontrou o filho fazendo um trabalho de carpintaria no galpão. Quando o pai perguntou ao menino o que ele estava fazendo, o filho disse com um amplo sorriso de aprovação: "Estou fazendo uma gamela para alimentar você e a mamãe quando ficarem velhos".

Logo o velho estava de volta ao seu lugar na mesa, comendo em um prato.

NA MINHA OPINIÃO

As famílias de hoje estão ocupadas demais. Não são apenas meus filhos, como meus netos e bisnetos também. Não há mais tempo para sentar na varanda ou em volta da mesa para relatar uma tradição. É assim que se passa a história da família, sua cultura e seus valores para a próxima geração. Penso que estamos vendo o que acontece em uma sociedade na qual isso não é importante – temos muitas crianças que não possuem identidade familiar. Mas os produtores de Hollywood é que nos contaram *suas* histórias e *seus* valores. E estamos vendo o resultado disso.

– Myra, 87 anos

A influência mais importante e única na vida de uma pessoa é outra pessoa... que seja digna de imitação.

– Paul D. Shafer

EXPANDINDO A DEFINIÇÃO DE FAMÍLIA

Família não é uma idéia agradável para todos. Se o abuso, o abandono ou outras formas de crueldade fraturaram seu lar, as características de uma família saudável e a afeição dos parentes de sangue podem parecer um conceito estranho para você. Não precisa ser desse jeito. Você pode redefinir a *família* para que ela signifique quaisquer pessoas que estão sempre felizes de vê-lo, que são seu apoio estável em um mundo instável, que oferecem um abrigo contra os momentos difíceis da vida. E você pode criar uma família aonde quer que vá.

Talvez você faça parte de um grupo caloroso e dedicado de pais e irmãos, mas provavelmente conheça algumas pessoas marginalizadas que poderiam aproveitar o que você tem. Leve em consideração os seguintes modos como algumas pessoas redefiniram a *família* para si mesmas e desenvolveram novo limite para incluir quem está à sua volta.

- Uma amiga minha que foi adotada perdeu a mãe e o pai quando estava na faculdade. Os pais não tinham irmãos, portanto, ela não tinha tias nem tios e não conhecia sua família biológica. Outra família "a adotou" como sua filha crescida e ela passa os feriados e férias com eles.

- Tenho algumas amigas solteiras que nunca se casaram, mas aos 40 anos adotaram bebês. Eles são uma família em todo o sentido da palavra.

- Minha melhor amiga é como uma irmã para mim. Nossas famílias passam muitos feriados juntos e nós concordamos em criar os filhos uma da outra se algo acontecesse com uma de nós. Não temos laços de sangue, mas, fora isso, somos uma verdadeira família.

- Outra amiga e seu marido, cujos filhos são adultos, se tornaram pais adotivos.

- Um jovem casal cujos pais vivem fora do país pediu a um casal mais velho que mora no mesmo condomínio que se tornasse o avô e a avó substitutos de seu filho.

- Muitas famílias que conheço encorajaram seus filhos adultos que vivem em cidades distantes a criarem um núcleo comunitário com as famílias dos amigos.

O LUGAR ONDE APRENDEMOS QUEM SOMOS

A escritora e educadora de pais Jean Illsley Clarke disse muito sobre a família: é nela que aprendemos quem somos e como ser dessa maneira. Há muito tempo, meu pai fez algo pequeno que teve um grande impacto sobre a maneira como me vejo. No meu desejo de ser popular durante meu segundo ano de faculdade, andei fazendo muitas loucuras, ficando até tarde nas festas e faltando às aulas. Não demorou muito para que minhas notas começassem a cair, junto com minha auto-estima. Eu queria abandonar a faculdade – e rápido – antes que eles me colocassem para fora.

> *O que as famílias têm em comum em todo o mundo é que elas são o lugar onde as pessoas aprendem quem são e como serem dessa maneira.*
> – Jean Illsley Clarke

Meu pai, um executivo que não aceitava tolices, me convidou para almoçar. Em vez de me criticar e prever meu futuro negro, ele simplesmente me fez lembrar com firmeza e amor de quem eu era. "Kathy, na nossa família, nós não desistimos das coisas", enfatizou. "Quando caímos, nós nos levantamos."

Então me contou a história de como seu pai saiu de casa quando ele era pequeno. O peso de criar dois meninos durante a Depressão caiu sobre os ombros de sua mãe, que trabalhava várias horas por dia como costureira. Meu pai e o irmão arrumavam bicos pela cidade enquanto cresciam, incluindo um trabalho na casa funerária do tio, onde ele tinha de passar horas e horas sozinho à noite com cadáveres em uma casa grande e velha – o que quase o matava de medo. Ele economizou muito para freqüentar uma faculdade, e então foi para a Marinha – lá, ajudou a lutar contra os japoneses no Pacífico. Tudo isso quando tinha apenas 19 anos.

Meu pai continuou sua história, o tempo todo tocando meu coração para o seguinte: a vida nem sempre é fácil. Na nossa família, quando as coisas ficam difíceis, nós seguimos em frente. Fazemos o que é preciso ser feito. Não desistimos: "Você é uma jovem brilhante e com muito potencial. Agora, volte para a faculdade e dê o melhor de si."

Voltei para a faculdade e recuperei as notas que pude. No semestre seguinte, eu estava na lista dos melhores alunos.

> *Não vemos as coisas como elas são, nós as vemos como nós somos.*
> – o Talmude

Meu pai realizou algo poderoso: fez-me lembrar de que eu era parte de um legado familiar maior, em que as pessoas não desistem quando as coisas ficam difíceis. Apesar de o próprio pai ter largado o bastão, meu pai o pegou e o passou para mim. Meus filhos ouviram essa mensagem repetidas vezes, com o passar dos anos. Quero continuar transmitindo esse valor familiar.

Todos nós podemos pensar em pessoas cujos pais e avós transmitiram um legado positivo. Seus predecessores deixaram pegadas de integridade, carinho, generosidade, filantropia, serviços para a humanidade ou para seu país, a importância da educação e do aprendizado continuado, fé em Deus e coisas desse tipo.

O pai do meu marido faleceu há 20 anos. Apesar de não ter deixado muito dinheiro para Bill, deixou um legado de trabalho árduo e força de caráter. Meu sogro não era perfeito, claro que não. Ninguém é. Mas ensinou a Bill o amor e a compaixão pela humanidade e uma forte fé em Deus. Quando Bill tinha 28 anos, seu pai lhe contou que todos os dias, sem falhar, ele rezava por 50 pessoas, e que uma delas era Bill. Que pegadas maravilhosas ele deixou na areia da vida para que seu filho seguisse. Todos os dias, Bill reza por várias pessoas.

Esse legado transmitido a Bill não começou com seu pai, que foi criado pelos avós paternos depois que a mãe morreu no parto. O Vovô e a Vovó Peel eram fazendeiros e pessoas de profunda fé, como geralmente acontece com quem vive da terra. Eram pessoas trabalhadoras, esforçadas e devotas que sabiam que seu bem-estar ano após ano dependia do fato de haver chuva suficiente, estio e uma inundação no rio Brazos. Conforme o pai de Bill contava histórias sobre os avós e sua infância na fazenda, Bill aprendia que ser um Peel era trabalhar arduamente e ter fé, e que isso era algo do qual se devia ter orgulho.

Em contraste, provavelmente todos nós podemos pensar em pessoas que conhecemos, cujos pais e avós acabaram deixando um legado negativo que continua a amaldiçoá-los. Esses parentes geraram uma herança de defeitos – desonestidade, irresponsabilidade, amargura e outros sentimentos destrutivos. Não podemos apagar as pegadas que eles deixaram, mas, ainda assim, esse legado não precisa levar a um caminho ainda maior de destruição.

> *São muitas as árvores familiares que precisam ser podadas.*
> – Kin Hubbard

O filme *Prenda-me Se For Capaz* é um bom exemplo disso. É a história verdadeira de Frank Abagnale Jr. um jovem de 16 anos que levou o FBI em uma caçada por todos os Estados Unidos e a Europa, enquanto assumia as identidades de um professor do colegial, um piloto aéreo, um físico e um advogado, antes de ser pego, roubando vários milhões de dólares no caminho. Onde Frank aprendeu esse comportamento vergonhoso? De acordo com a história, ele o aprendeu com o pai. Felizmente, com a ajuda do agente do FBI que foi atrás dele, hoje Frank Abagnale criou uma nova identidade e tem um emprego legalizado.

Fui vastamente abençoada ao ouvir as histórias de muitas pessoas que, por opção, convicção e coragem, conseguiram superar um legado negativo. Rejeitaram a enorme dor de seus passados e abraçaram a esperança de que ainda poderiam aproveitar e contribuir com a vida. E mudaram o curso da história de suas famílias de um jeito ousado e saudável.

Uma amiga me contou como teve de lutar para superar o legado desastroso que sua mãe lhe deixou: "Odeio dizer isso, mas ninguém ficou muito triste quando ela morreu. Ela era uma mulher amarga e rancorosa que fazia dos feriados e reuniões familiares um desastre para todos." Apesar das feridas do passado, hoje essa filha é uma mulher gentil e graciosa, além de uma mãe leal e adorável que organiza festas e ocasiões especiais para que todos que compareçam se sintam abençoados.

> *Um homem não pode deixar melhor legado para o mundo do que uma família bem-educada.*
> — Thomas Scott

Outro amigo, Joe, contou-me como sua família não valorizava a educação e o aprendizado. Ele saiu do ensino fundamental aos 16 anos e se tornou funcionário de uma empresa de limpeza pública Dois anos mais tarde, ele machucou as costas ao erguer uma lata de lixo e não pôde mais trabalhar nisso. Por meio do encorajamento do padre da sua paróquia, ele foi para a escola noturna e concluiu os estudos. Aos 21 anos, era a primeira pessoa da família a receber um diploma do ensino médio. Essa experiência, junto com o encorajamento do "Padre John", como meu amigo o chama, abriram seu apetite para o conhecimento. Ele se matriculou nas aulas noturnas de uma faculdade local e passou todas as horas que podia, fora de seu trabalho das 8 às 17 horas, estudando e lendo, o que, devo acrescentar, era incrivelmente difícil para ele, que era disléxico.

Em 6 anos, Joe se formou na faculdade com notas excelentes. Então, sua fome de aprender, o orgulho de ter um diploma universitário e o encorajamento contínuo do Padre John o colocaram no caminho da pós-graduação. Hoje ele tem o título de doutorado de uma universidade de prestígio. Seus dois filhos têm diplomas universitários e Joe continua a ser uma inspiração para os outros em relação ao valor da educação e do aprendizado. Ele mudou o legado de sua família e está deixando boas pegadas a serem seguidas.

O QUE VOCÊ ESTÁ TRANSMITINDO PARA SEUS FILHOS E NETOS?

A maneira como nossos avós viveram suas vidas afetou nossos pais: seu senso de identidade, os valores que abraçavam e a maneira como nos educaram. O jeito como estamos vivendo nossas vidas está afetando os membros da nossa família hoje e continuará a tocá-los, bem como a seus filhos quando nos formos. Quer percebamos isso quer não, desde o momento em que colocamos os olhos sobre nossos filhos na sala de parto, nós os estamos ensinando – ainda que inconscientemente, na maior parte do tempo – a ter noção de quem são e como ser dessa maneira. Estamos criando e vivendo um legado que vai perdurar depois de nós. Ensinamos e continuamos a ensinar nossos filhos e netos o que consideramos mais importante na vida: como tratamos os outros seres humanos e o planeta em que vivemos, quais verdades espirituais são essenciais à vida, nossos padrões de certo e errado e o que podemos fazer para transformar o mundo em um lugar melhor. Talvez nunca as tenhamos colocado por escrito, mas vivemos essas verdades todos os dias.

A boa notícia é que, como diz o antigo provérbio, "aprende-se mais do que o que foi ensinado" – o que também é uma má notícia. Nossos filhos e netos aprendem conosco aquilo em que realmente acreditamos a partir de nossas ações. Se não respaldarmos nossas palavras com ações, eles perceberão, absorverão e provavelmente repetirão nossos atos.

Como o dr. Armand Nicholi, da Faculdade de Medicina de Harvard, escreve em seu livro *What Do We Know About Successful Families?* (O Que Sabemos sobre Famílias Bem-sucedidas?): "Nossa experiência familiar é a mais significativa de nossas vidas... [Ela determina] a estrutura do nosso caráter adulto, a imagem interna que temos de nós mesmos, como nos sentimos em relação a nós mesmos, como nos sentimos em relação aos outros, nosso conceito de certo e errado – isso é, as regras fundamentais da conduta humana a que chamamos de moralidade."

O que você ensina ao seu filho, você ensina ao filho do seu filho.
– o Talmude

Se quisermos influenciar de maneira positiva o caráter dos nossos filhos e netos e transmitir-lhes um legado saudável, três As devem caracterizar nossas palavras e ações:

Primeiro, nossas palavras e ações devem ser *afirmativas*. Alguns pais e avós parecem ser melhores na definição daquilo que são contra do que daquilo que são a favor. Por exemplo: devemos estar *a favor* de famílias saudáveis, não simplesmente contra as forças que diminuem o valor ou destroem a família. Devemos estar *a favor* do respeito mútuo entre homens, mulheres e crianças, não apenas contra a pornografia. Toda vez que rotulamos algo como errado, devemos descrever ou perguntar o que seria certo – o que podemos apoiar em lugar disso. Se não agirmos assim, criaremos um legado de críticas e negatividade. A verdade é que sempre haverá algo de errado com o mundo. Vamos apontar nossos filhos e netos na direção do que será o certo?

A maneira como nos comunicamos deve ser *atraente*. Talvez esta pareça uma pergunta estranha com uma resposta óbvia, mas será que seus filhos e netos sabem que você os ama incondicionalmente, que está do lado deles? Talvez você esteja pensando: "Claro que amo meus filhos e estou do lado deles", mas essa não é a questão. Seus filhos e netos *sabem* mesmo que você os ama incondicionalmente, que está do lado deles?

O bom caráter, assim como a boa sopa, é feito em casa.
– B. C. Forbes

Uma das piores atitudes que podemos ter, como pais ou avós, é usarmos nossos padrões como uma condição para nosso amor e aprovação. Enquanto precisamos ser honestos ao discordar do comportamento ou dos valores que abraçam, nossos filhos e netos precisam saber que o valor que lhes damos nunca muda. Não importa qual seja a sua idade, eles devem sentir que os amamos, que procuramos entender seus sentimentos e que os valorizamos como indivíduos. É improvável que aceitem nossos valores se não valorizarem o relacionamento que têm conosco.

O exemplo ensina melhor do que o preceito. É o melhor modelador do caráter de homens e mulheres. Oferecer um exemplo sublime é a melhor herança que um homem pode deixar atrás de si.

– Samuel Smiles

Nossas vidas devem ser *autênticas*. Devemos fazer mais do que falar sobre o que valorizamos e acreditamos; devemos viver esses valores e crenças. Se dissermos que valorizamos a honestidade, nossos filhos e netos devem observar nossa integridade. Se dissermos que acreditamos no amor e respeito aos outros, eles devem ver o amor e o respeito em ação. Se dissermos que somos cristãos, judeus ou muçulmanos, como eles vêem nossa fé fazendo diferença nas nossas vidas?

UM LEGADO MORAL E ESPIRITUAL

Agora que seus filhos e os meus chegaram na idade da escolha, é um bom momento para avaliar o que transmitimos até agora. Se tentamos ensinar-lhes, por exemplo, a integridade, o amor pelo aprendizado por toda a vida, a sensibilidade em relação aos outros, uma forte ética no trabalho e nossas crenças espirituais, que diferença nossos filhos viram nas nossas vidas como resultado dessas qualidades? Praticamos a honestidade nas nossas transações com outras pessoas e com o governo? Continuamos a ser estudantes, fazendo do aprendizado contínuo uma prioridade? Tratamos as pessoas com carinho e compaixão? Fomos trabalhadores esforçados e estáveis? Deixamos nossas crenças religiosas afetarem nossas decisões cotidianas? Em resumo, vivemos de acordo com o que dizemos acreditarem, e, quando cometemos erros – que foram muitos, com certeza –, admitimos e não deixamos espaço para a hipocrisia? Em resumo, nossos filhos querem o que temos, ou preferem seguir em outra direção?

A religião de um filho depende do que a mãe e o pai são, e não do que dizem ser.

– H. F. Amiel

Lembre-se: sejam quais forem os seus erros do passado, nunca é tarde demais para mudanças, para dizer: "Sinto muito", "Eu te amo", "Quero me esforçar mais para viver os valores que afirmo abraçar", ou para fazer correções no meio do caminho da vida da sua família hoje e no legado que você deixará amanhã. É um clichê, mas é verdade: hoje é o primeiro dia do resto da sua vida como pessoa, como pai e avô. Não importa onde você esteja hoje, entenda que nosso desenvolvimento como seres humanos nunca termina. Possibilidades infinitas e um potencial não aproveitado esperam para ser revelados em todos nós. Não se trata de quanto sabemos, mas de quão dispostos estamos para aprender, não onde estamos, mas para qual direção nos movemos, não as dúvidas que estão em nosso coração, mas a qual verdade tais dúvidas nos levarão, não a aparência que temos aos olhos dos outros, mas a verdade que buscamos no silêncio dos nossos corações.

Lembre-se, também: o que quer que nós, pais, ensinemos aos nossos filhos, consciente ou inconscientemente, cada um deles, pessoalmente, deve chegar à conclusão do que acreditam. Não podemos forçar nossos pontos de vista, valores ou fé. Não podemos controlar suas escolhas. Mas podemos lhes dar a base – por meio de nossas palavras e ações, nossa maneira de nos comunicarmos e como vivemos nossas vidas –, pela qual eles podem começar a procurar as respostas.

O caráter é formado não por lei, ordens e decretos, mas pela influência silenciosa, sugestão inconsciente e orientação pessoal.

– Marion L. Burton

Talvez você esteja pensando agora mesmo que se sente bem em relação ao que ensinou para seus filhos. Você deu o melhor de si para viver de acordo com o que diz acreditar, e agora, conforme deixam o ninho, eles estão prontos para tomar as próprias decisões. Você forneceu a base para criar uma vida satisfatória e bem-sucedida, mas cabe a eles realizarem-na.

Talvez você esteja pensando que estragou tudo – e o estrago pode ter sido feio em algumas áreas – por não ter oferecido o tipo de exemplo que agora percebe que deveria ter dado ou por ter assumido uma posição claramente errada sobre algumas questões, por ter reagido com exagero ou negado sua afeição quando um filho o decepcionou, por não ter parado para descobrir como se sentia em relação a questões diferentes que você queria que seus filhos entendessem. Nesse momento você não tem certeza por onde começar, mas sabe que quer fazer o bem para seus filhos e netos. Você quer lhes oferecer todas as ferramentas que conseguir para que tenham uma vida de sucesso.

Nunca é tarde demais para ser o que você poderia ter sido.

– George Eliot
(Mary Ann Evans)

SE VOCÊ QUISER QUE AS COISAS MUDEM, ELAS MUDARÃO

Quando nossos filhos eram jovens, tomei a decisão muito dolorosa (pelo menos parecia ser na época) de me tornar uma pessoa matutina. Minha tendência a ficar acordada para assistir aos programas na televisão até altas horas da madrugada estava trazendo o caos para a minha família. Eu programava o despertador com as melhores intenções de acordar cedo, colocar a cabeça no lugar e o espírito equilibrado para poder falar bom-dia para minha família e enfrentar as tarefas do dia com uma disposição positiva e de paz.

Isso não estava acontecendo.

Reajustar-se é um processo doloroso, mas a maioria de nós precisa fazê-lo, em algum momento.
— Arthur Christopher Benson

Manhã após manhã, eu apertava o botão da soneca no rádio-relógio, sabe-se lá quantas vezes, até que finalmente me forçava a sair da cama para que as crianças não chegassem atrasadas na escola – mais uma vez.

Percebi que, se quisesse que as coisas mudassem, *eu* teria de mudar. Comprei um despertador com um alarme terrivelmente alto e coloquei-o no banheiro. Assim, eu teria de sair da cama para desligá-lo. Era desagradável, mas funcionou. Essa mudança relativamente pequena causou uma grande transformação em mim – assim como na minha família.

Conforme for lendo este capítulo, aqui estão algumas questões para você: o alarme está tocando na sua vida e você continua apertando o botão da soneca? Talvez você sinta que os problemas que está enfrentando sejam grandes demais. Talvez as mudanças pareçam muito complicadas e os desafios, intransponíveis. E, além disso, você está cansada. Você pensou que a tarefa dos pais era para pessoas mais jovens. Você cumpriu a sua parte e quer deitar de novo e voltar para a cama. Talvez da próxima vez que o alarme tocar, tudo terá dado certo e os problemas terão desaparecido.

Todo mundo pensa em mudar a humanidade e ninguém pensa em mudar a si mesmo.
— Leo Tolstoy

Provavelmente aconteça assim no lago Wobegon, mas não na vida real. Os problemas familiares e de relacionamento não desaparecem simplesmente. Em algum momento teremos de acordar e perceber que, caso as coisas precisem mudar, então, devemos mudar. Para dizer de forma simples, precisamos aprender a ser pais de filhos adultos. Temos que descobrir novas maneiras de nos comunicarmos e de demonstrarmos nosso amor; temos de definir (ou redefinir) nossos objetivos e limites. Algumas das regras que aprendemos quando éramos pais de crianças jovens ainda são as mesmas – como o fato de que as crianças precisam de amor incondicional para terem sucesso –, mas muitas são diferentes. Devemos seguir aprendendo e estar dispostos a fazermos algumas mudanças para termos um relacionamento carinhoso e recompensador com nossos filhos adultos.

Neste livro você leu várias idéias para possíveis mudanças. Por sermos diferentes – em personalidade, grupo familiar, onde vivemos, onde trabalhamos, nossas expectativas –, cada um de nós se adaptará e aplicará as idéias de maneiras diferentes. Mas quem nós somos não importa; cada mudança que estivermos dispostos a fazer pelo bem da nossa família valerá a pena.

ALGUMAS IDÉIAS PARA PENSAR

Os seguintes pensamentos e idéias são para estimular o raciocínio de como você vai transmitir um legado de caráter e valores fortes para seus filhos adultos e para seus netos. Escolha os que se encaixarem na sua família e faça adaptações que pareçam mais naturais para você. Nunca é tarde demais para começar – ou para acrescentar a uma base já firme.

Temos apenas este momento, brilhando como uma estrela nas nossas mãos... e derretendo como um floco de neve. Vamos usá-lo, antes que seja tarde demais.
— Marie Beynon Ray

- Lembre-se: o que deixamos *em* nossos filhos é muito mais importante do que o que deixamos *para* eles.

- Reserve algum tempo, seja com seu marido, seja sozinha, para fazer uma lista dos valores que você quer transmitir para seus filhos e netos. Aqui estão alguns valores para você considerar. Ao lado de cada característica que lhe seja importante, faça anotações de como você é positiva, atraente e autêntica na sua comunicação.

Honestidade _____

_____

Bondade _____

_____

Amor _____

_____

Fé _____

_____

Paciência _____

_____

Autodisciplina _____

_____

Compromisso com o serviço comunitário _____

_____

Lealdade _____

_____

Liderança _____

_____

Entusiasmo _____

_____

Amor pelo aprendizado _____

_____

Forte ética no trabalho _____

_____

Coragem _____

Amor a Deus _____

Lealdade à pátria _____

Cuidado com as pessoas _____

Assistência às pessoas _____

Compaixão _____

Tolerância _____

Respeito _____

- Se você é a única pessoa comprometida com a criação de um legado positivo, ganhe força com as palavras de Helen Keller: "Sou apenas uma, mas ainda sou uma. Não posso fazer tudo, mas ainda posso fazer alguma coisa; não vou me recusar a fazer o que posso." Não desista; você não sabe o bem que seus esforços podem gerar.

- Procure uma mãe ou pai mais velho e sábio para ser seu mentor durante essa passagem da vida. Embora eu já o seja para mulheres mais jovens, ainda tenho muitos mentores mais velhos do que eu. Nunca ficamos velhos demais, nem sábios demais para não nos beneficiarmos com quem está à nossa frente na vida.

- Comece uma coleção de bons livros que ensinem fortes qualidades de caráter e valores às crianças. Nós gostamos muito do

Livro das Virtudes, de William Bennett. Peça outras sugestões em uma biblioteca ou livraria.

Se, ao morrer, um homem pôde transmitir o entusiasmo aos seus filhos, ele os terá deixado em um estado de riqueza incalculável.
— Thomas Edison

- Quando seus filhos forem para a faculdade, lembre-os de que devem se firmar em alguma coisa, ou cairão nas garras de tudo. Fale especificamente sobre o que estão dispostos a defender.
- Você foi arrastado por Woodstock, amor livre, drogas e vida irresponsável quando era um jovem adulto? Converse com seus filhos mais velhos sobre o que espera para eles em relação a viverem fundamentados em valores fortes e como suas experiências podem ser diferentes das que você viveu quando tinha a idade deles. Seja honesto com os próprios sentimentos, sem carregar "roupas sujas" demais.

O que um pai diz aos seus filhos não é ouvido pelo mundo, mas será ouvido pela posteridade.
— Jean Paul Richter

- Lembre-se do conselho de Benjamin Franklin: "Um hoje vale mais que dois amanhãs; nunca deixe para amanhã o que se pode fazer hoje". Não espere para começar um legado de amor e vida com sabedoria para seus filhos e netos.
- Certa vez o dr. Howard Hendricks disse: "Primeiro tomo minhas decisões, depois minhas decisões me tomam". As decisões que tomamos diariamente fazem de nós o que seremos amanhã. Pequenas decisões podem ter um grande resultado –

para o bem ou o mal. Converse sobre as implicações desse provérbio à mesa do jantar, quando estiverem todos juntos.

Nossas almas anseiam por um sentido, pela descoberta de como viver a vida e de saber que fizemos alguma diferença no mundo.
– Harold Kushner

- Pergunte aos seus filhos e netos o que eles acreditam ser o significado deste provérbio: "Você não está necessariamente no caminho certo só porque é um caminho batido".
- Olhe para si mesma com os olhos da sua família. Eles a vêem você como o tipo de pessoa que querem ser um dia? Alguma coisa na sua vida faz com que não a respeitem?

Avalie sua jornada pessoal. Que legado você deixará para os seus filhos? Quero encorajá-la a reservar um tempo para fazer perguntas difíceis e buscar respostas. Pergunte a si mesma se aquilo em que você acredita cobre adequadamente os problemas sérios da vida. Sua fé lhe traz significado, propósito e paz? Sua fé lhe dá apoio em todas as fases da vida – juventude, fase adulta, meia-idade, velhice, crises matrimoniais, financeiras, crises dos filhos, de energia, culturais e morais? Ela oferece uma maneira saudável de lidar com a culpa e o perdão? Responde à questão do mal e ainda lhe dá esperança? Fornece um meio de olhar realisticamente para os problemas da vida sem desespero? Na minha vida, encontrei as respostas para essas perguntas e a orientação para me tornar uma boa mãe e avó na Bíblia. Encorajo-a a pesquisar e encontrar soluções para essas questões à sua maneira – para o seu bem e o dos seus filhos.

Tudo o que vi me ensina a confiar no Criador para tudo que não vi.
– Ralph Waldo Emerson

A família é a base formadora de mortais em nosso meio. Nós introduzimos os padrões morais, a fome espiritual, o legado de amor que esperamos que nossos filhos imitem. O que fazemos, dizemos e pensamos ensina à nossa família "quem eles são e como ser dessa maneira" – de formas muito amplas. Se você ainda não o fez, comece hoje mesmo a construir uma herança valiosa, duradoura e rica para seus filhos e netos. Esse investimento só pode fazer dos nossos lares e do mundo um lugar melhor – e é isso que é ser família.

10
Mamãe Portátil: A Mãe de Todos os Recursos

A aprendizagem faz um homem arrumar companhia para si mesmo.
— Thomas Fuller

*E*mbora seja extremamente importante para um jovem sair de casa com a cabeça equilibrada sobre os ombros com respeito ao que é, àquilo em que acredita e sobre como interagirá com as pessoas ao seu redor, saber como passar uma camisa e pagar suas contas ajuda muito.

Quando nossos filhos saem de casa, muitos deles entram em um reino inteiramente novo: cuidar de todas as suas coisas e aprender os altos e baixos da administração de um lar, seja um apartamento, um quarto em uma pensão, seja uma quitinete de alguns metros quadrados. Suas novas responsabilidades incluirão tarefas que eles sempre consideraram garantidas, como lavar e passar roupa, proteger bens materiais, pagar contas e administrar o fluxo monetário, ir sozinho para o trabalho e/ou para as aulas, manter a casa limpa, escolher e arcar com as despesas de uma assistência médica e até de um seguro de vida.

Muitos anos atrás, quando saí de casa para freqüentar uma faculdade a 1.600 quilômetros de distância da casa dos meus pais, nunca havia lavado nem passado uma só peça de roupa em toda a minha vida. Na primeira tentativa, coloquei minhas roupas e o sabão em pó na secadora. Não conseguia descobrir o comando para encher a máquina de água. Há muitas histórias que eu poderia contar sobre minha falta de preparo para morar fora de casa, mas é suficiente dizer que, com o passar dos anos, conforme ensinava a mim mesma as técnicas necessárias de sobrevivência doméstica, tornei-me uma grande defensora do envolvimento familiar nessa área.

> *Viver com eficiência é viver com informações adequadas.*
> – Norbert Wiener

Na verdade, como pais, estamos sempre incentivando nossos filhos à independência e ao comportamento responsável. E, embora nossos ensinamentos possam ser sutis, nós os continuamos encorajando – tenham eles 5 ou 35 anos – a explorar todo o seu potencial. Lembre-se: apesar de estar hoje na arquibancada, você continua torcendo por eles e os apoiando ao longo do caminho.

Neste capítulo, você encontrará idéias práticas para ajudar sua prole a entrar em campo já em forma. São maneiras de ensinar às crianças mais velhas algumas técnicas das quais precisam não apenas para sobreviver, como também para prosperar no mundo real.

O NOVO MUNDO DE SEU JOVEM ADULTO

Quando era uma jovem mãe, lutando para equilibrar lar, família e assuntos pessoais, percebi algo importante: a maneira como, nos negócios, lidamos com múltiplas tarefas por meio da administração por departamento também poderia funcionar para uma dona de casa experiente. Fiz uma lista de todos os itens pelos quais era responsável, e percebi que se encaixavam em sete departamentos: tempo, alimentação, lar e proprie-dade, finanças, eventos especiais, família e amigos e autogerenciamento.

Olhar minha vida e minha casa com os olhos de uma gerente tornou infinitamente mais realizável a monumental tarefa de organizar horários, lavar roupa, pagar contas e o resto das responsabilidades cotidianas. Esse método de administrar a vida funcionou tão bem para mim e para minha família que eu comecei a escrever e a apresentar seminários sobre o assunto, na esperança de ajudar os outros a terem o mesmo sucesso. Inúmeras pessoas também me contaram como isso fez uma enorme diferença em suas vidas.

Administrar por departamentos é algo que toda pessoa deve fazer – seja ela casada, solteira, um jovem adulto ou um adulto mais velho, um pai ou alguém sem filhos. Portanto, se quisermos ajudar nossos filhos a iniciarem a vida adulta da melhor maneira possível, precisamos familiarizá-los com esses departamentos e dar-lhes alguns conselhos sobre como organizar e administrar essas áreas nas próprias vidas. Para o jovem adulto, as responsabilidades são divididas desta maneira:

Tempo: Chegar às aulas e/ou ao trabalho e aos compromissos na hora certa.

Alimentação: Comer com economia e de forma saudável.

Lar e Propriedade: Cuidar dos pertences e manter o apartamento/casa/dormitório razoavelmente limpo e organizado.

Finanças: Administrar orçamentos, contas, economias e investimentos.

Eventos Especiais: Cuidar de qualquer responsabilidade fora da rotina – feriados, festas de aniversário, férias, planos especiais de viagem.

Família e Amigos: Construir relacionamentos com entes queridos, nutrir amizades.

Autogerenciamento: Desenvolver-se emocional, espiritual, mental e fisicamente.

Você ajudará seu jovem adulto na vida ao sentar-se com ele de vez em quando e conversar sobre cada um desses departamentos. Pergunte em quais ele se sente mais à vontade e quais lhe parecem estranhos ou assustadores. Discuta as responsabilidades que ele vai enfrentar em cada departamento e decida como aprenderá o que precisa saber antes de sair da sua casa.

Por exemplo: digamos que seu filho esteja se mudando para outra cidade assumir um emprego e ir à escola à noite, a fim de conseguir um diploma em uma especialização. Aqui está o que talvez ele precisará fazer em cada departamento.

Tempo: Ele tem de sair da cama pela manhã, calcular quantos minutos ou horas gastará para ir ao trabalho, para que chegue sempre no horário, reservar tempo depois do expediente para estudar e ir às aulas, e encontrar algum espaço durante a semana para se exercitar em uma academia. (Você faz uma anotação para comprar um novo despertador para ele.)

Alimentação: Ele tem de estocar potes, panelas e utensílios na cozinha de seu apartamento, descobrir onde fica o mercado mais barato e testar seu dom culinário. (Você faz uma anotação para copiar algumas receitas simples para ele e separar algumas panelas. Você sabe que tem algumas sobrando.)

Lar e Propriedade: Ele tem de cuidar da roupa, encontrar um lugar que lave a seco, comprar um aspirador de pó, armazenar produtos de limpeza.

Eventos Especiais: Ele tem de memorizar aniversários de amigos e parentes e algumas outras passagens especiais, e decidir como lidar com tudo isso. (Sugira que ele mantenha um estoque de cartões sempre à mão; que aprenda a encontrar ofertas na Internet para quando quiser ou precisar fazer uma viagem rápida.)

Família e Amigos: Ele precisa decidir como vai manter contato com entes queridos – ligar ou passar um e-mail toda semana? (Faça uma cópia de todos os telefones e endereços – inclusive e-mails – de que ele vai precisar; telefone para seus amigos – se tiver algum – que moram na cidade para a qual ele vai se mudar a fim de conseguir informações sobre os melhores lugares para se fazer compras, comer, consertar o carro e assim por diante.)

Autogerenciamento: Ele tem de encontrar uma academia e uma igreja, e, ainda, se matricular em algum curso no qual esteja interessado para ter aulas à noite.

FACULDADE: AJUDANDO SEU FILHO A FAZER UMA TRANSIÇÃO TRANQÜILA

Aqui está: essa é a primeira escolha quase adulta que seu adolescente terá de fazer, e é uma das grandes. Ajude o máximo que puder, sem forçar sua opinião em seu filho ou sua filha. A procura deve começar pelo menos 18 meses antes, e não deve ser influenciada pelas suas afetuosas memórias dos velhos tempos de universidade. Aqui estão quatro tarefas que você deve fazer:

1. Trabalhar em conjunto com seu adolescente, pesquisar alternativas em potencial. Conversar honestamente sobre aprendizado e outras despesas. Encorajá-lo a compartilhar objetivos, preocupações e expectativas.

2. Visitar o máximo de faculdades nas quais seu filho tenha interesse para prestar vestibular – principalmente se for em outra cidade.

3. Durante o último ano do ensino médio, seu adolescente precisa começar a reduzir as escolhas. Ajude-o a criar uma tabela de comparação e contraste para ver as diferenças das faculdades e universidades nas quais tenha maior interesse. Avalie cada uma nas seguintes categorias, dando notas de 1 a 5, sendo 5 a nota mais alta:

    - Aprendizado anual ou semestral
    - Custos para se manter longe de casa
    - Disponibilidade de ajuda financeira
    - Disponibilidade da especialização pretendida

- Outros pontos fortes acadêmicos
- Outros benefícios (bom departamento musical, equipes esportivas competitivas etc.)
- Distância de casa
- Nível geral

4. Prepare-se para viajar e preencher alguns contratos como fiador de seu filho.

Na análise final, não é o que você faz por seus filhos, mas o que você os ensinou a fazer por si mesmos que os tornará seres humanos bem-sucedidos.
– Ann Landers

---

5. Pesquise intercâmbios e bolsas de estudo.

Contagem Regressiva para o Dia da Partida

1. Você e seu cônjuge devem passar um tempo em particular com seu adolescente.
2. Se seu adolescente quiser uma festa de despedida, ajude a organizá-la.
3. Compre o necessário. Não adquira muitas roupas; reserve algum dinheiro no orçamento do adolescente para que ele/ela possa adquirir coisas "da moda" na faculdade.
4. Duas semanas antes da partida, comece a fazer as malas. Se seu filho for viajar de avião, envie a mudança uma semana antes; se você for viajar com ele, compre alguns itens no local de destino.
5. Planeje um jantar especial em família em homenagem ao adolescente que está indo para a faculdade. Considere a

possibilidade de exibir um vídeo estilo *Essa É a Sua Vida* ou colocar fotos da infância do homenageado na cozinha ou na sala de estar. Envolva seus outros filhos nessas oportunidades de brindar com o irmão.

6. Mesmo que você planeje deixar o quarto de seu adolescente do jeito que está, com o consentimento dele, mexa nas pastas e arquivos atrás de recordações da escola. Coloque as roupas em pilhas separadas para serem colocadas na mala, deixadas em casa ou doadas.

7. Dê um cartão de crédito ao seu adolescente, explicando cuidadosamente em quais compras a utilização é adequada (Veja "Dicas para Ensinar Seus Filhos a Usar Cartões de Crédito Corretamente", mais à frente, neste capítulo).

8. Crie um álbum de família. Coloque-o dentro da bagagem do adolescente ou entregue-o quando chegarem à cidade em que vai morar. Quando ele sentir saudades de casa, folhear as fotografias o fará lembrar-se de como é amado.

9. Faça planos para manter contato por telefone, pelo menos uma vez por semana ou uma vez por mês – caso ele vá estudar em outro país. Ou vocês podem combinar de se comunicar regularmente por e-mail, se seu filho preferir assim.

10. Não deixe seu adolescente que está partindo esquecer o comportamento de risco existente em todos os campi. Peça-lhe para considerar valores e limites pessoais quando confrontado com escolhas difíceis.

APRENDENDO A ADMINISTRAR DINHEIRO

Pouco tempo atrás, encontrei uma velha amiga que havia acabado de ver a formatura de sua filha mais nova. "Ela não apenas se formou, como até tem um emprego!", exibiu-se minha amiga. "Não sei direito o que vamos fazer com todo nosso dinheiro extra, já que não estamos mais sustentando nossos filhos." Belo problema, hein?

Poucos discutiriam que cuidar de filhos é caro. Muito caro. Mas é um privilégio inestimável pelo qual a maioria dos pais sacrificaria qualquer coisa. Ainda assim, há de chegar um tempo em que o dinheiro do Papai, ou da Mamãe, como parece ser o caso, pode secar e o filho deve se tornar auto-sustentável. A menos que você tenha preparado seu filho para as responsabilidades da independência financeira, muitas dores de cabeça podem estar reservadas para ele.

Todo o dinheiro do mundo não tem utilidade para um homem ou para seu país se ele gastá-lo tão rápido quanto o ganhou. Tudo o que sobra para ele são as contas e a reputação de ser um tolo.
– Rudyard Kipling

No Capítulo 1, vimos como nossos filhos foram levados a uma cultura caracterizada pelo consumo. A menos que nossos filhos tenham tomado algumas decisões em relação às suas prioridades, será fácil perderem a perspectiva sobre o que é realmente importante. Eles acabarão tomando decisões impulsivas e gastando um dinheiro que não poderia ser gasto. Ou, se tiverem alcançado o limite de seus cartões de crédito e não puderem gastar mais dinheiro, a menos que tenham decidido o que é mais importante na vida, podem facilmente se sentir inseguros, descontentes e incapazes de apreciar as bênçãos da vida que eles têm.

Uma das técnicas mais importantes que você pode passar ao seu filho é como administrar dinheiro. A habilidade de fazer orçamentos, tomar boas decisões de compras e controlar rendimentos e despesas afetará tudo o mais que ele fizer. Portanto, faça um favor aos seus filhos – coloque-os na direção financeira certa seguindo estes três passos:

1. *Ajude-os a formar uma filosofia financeira.* Agende uma hora para sentarem e discutirem finanças e o futuro. Um bom jeito para começar é fazer seu jovem adulto responder a estas

perguntas — as sugestões que você pode dar estão entre parênteses.

- O que significa ser produtivo? (Não devemos esperar receber algo em troca de nada. O acúmulo de dinheiro exige trabalho.)

- O que significa ser honesto? (Além de ganhar dinheiro de maneira correta, é importante compreender que podemos roubar coisas não-materiais, como tempo de um empregador, crédito por algo que outra pessoa fez, talentos ou serviços de outros que você usa, mas não paga.)

- O que significa ser generoso? (Dividir seu tempo e recursos com os outros é uma coisa boa e pessoalmente satisfatória. Como as pessoas se envolvem com organizações religiosas, obras de caridade locais e outras causas que querem apoiar?)

- O que significa estar seguro em relação a quem você é? (As crianças cresceram em uma sociedade que diz que elas só têm valor se usarem a marca correta de jeans e de pasta de dente. É importante compreender que você não é o que usa, veste ou dirige. Cada um de nós tem valor como ser humano único.)

- O que merecemos? (Nenhum de nós consegue sempre o que merece. Mas, na maior parte do tempo, temos mais do que precisamos. Devemos agradecer por nossas bênçãos e mostrar contentamento com o que temos.)

2. *Ajude-os a estabelecer prioridades financeiras.* Depois que seu jovem adulto tiver uma filosofia bem definida, ele precisa decidir prioridades. A menos que tome algumas decisões sobre onde precisa gastar dinheiro, facilmente gastará apenas nas coisas que deseja. O resultado? Frustração, decepção e confusão. Ele pode evitar isso, considerando:

- As cinco coisas que mais preza na vida hoje em dia.
- As cinco coisas que ele quer e que o dinheiro pode comprar.
- As cinco coisas que quer e que o dinheiro não pode comprar.
- Quanto é o bastante? Faça-o completar frases: *Estarei bem em relação a dinheiro quando tiver $_____ no banco. Estarei ótimo quando tiver $_____.*
- Que causas ele gostaria de apoiar financeiramente. Quanto gostaria de doar?
- Como quer estar financeiramente em 12 meses? Em 5 anos. Em 20 anos.
- Como ele se sente em relação às dívidas – em relação a pagar dívidas?
- Como ele completaria a frase a seguir? *Caso, de repente, me encontrar em uma crise financeira, eu posso dispor de _____.*

3. *Ajude-os a desenvolver uma estratégia financeira.* Depois que você ajudou seu filho a decidir sua filosofia e suas prioridades, proporcione-lhe uma estratégia para fazer essas coisas acontecerem. Antes que saia de casa, certifique-se de que ele está com objetivos financeiros bem definidos. Ele deve ter: orçamento, plano de poupança, uma maneira organizada de manter registros importantes, uma estratégia para reduzir um possível endividamento e a habilidade de submeter declarações de imposto. Além disso, ele deve ter seguro e saber quanto custa e o que cobre, e estar em processo de estabelecer um bom crédito bancário.

DICAS PARA ENSINAR SEUS FILHOS A USAREM CARTÕES DE CRÉDITO CORRETAMENTE

- Considere a possibilidade de obter cartões de crédito de lojas de departamento. Normalmente, essas são boas escolhas para quem está iniciando uma vida de crédito, já que esse tipo de cartão geralmente tem limite baixo e pode ser pago em sua totalidade todo mês.

- Sempre pague as contas em dia ou até antes do vencimento.

- Considere um cartão de afinidade com programas de milhagem e pontos que podem ser trocados por prêmios.

- Mantenha suas dívidas abaixo de 75% do total da linha de crédito disponível.

- Sempre pague pelo menos o montante mínimo.

- Se não pode pagar pela compra, não use o cartão de crédito – nunca.

- Analise os extratos cuidadosamente por trás de taxas fraudulentas.

- Mantenha em segredo seu número do RG e do CPF.

- Analise seus relatórios de crédito anualmente.

MAIS FUNDAMENTOS DE TÉCNICAS COTIDIANAS

Para sua criança *independente-pela-primeira-vez*, aqui estão algumas dicas que deixarão a luta diária muito mais suave.

Lavar a Roupa

Lavar a roupa, de acordo com os jovens adultos de minha família, é o mesmo que limpar o forno do fogão. Quando um de meus filhos saiu de casa, ele chegou a comprar 30 cuecas, pois só teria de lavá-las uma vez por mês. Caso seu filho evite lavar roupas a todo custo ou gosta de manter a quantidade de roupas sujas sob controle, é importante que saiba lidar com máquinas de lavar roupas e secadoras.

> Quando saí de casa e fui morar em um apartamento em outra cidade para fazer faculdade, me senti muito despreparada. Minha mãe tinha uma empregada que sempre lavou toda a nossa roupa em casa – eu não sabia que não se deve misturar roupas coloridas com as brancas, na máquina. E também nunca havia pago contas antes; assim, quando as contas de gás, luz e água começaram a chegar, acabei nem ligando e – *ops* – tive de pagar todas elas com multa, depois. Os pais deveriam ensinar aos filhos esse tipo de coisa antes de eles saírem de casa.
> — Stephanie, 22 anos

Aqui estão algumas dicas para dar ao seu filho:

1. Lave e seque suas roupas com cuidado. Separe as brancas que podem ser lavadas com alvejante à base de cloro (lençóis, toalhas, meias) das brancas delicadas (lingerie, camisas finas) que precisam de alvejante sem cloro. Separe as coloridas que soltam tinta (jeans, toalhas escuras) do resto das roupas. Separe artigos levemente sujos daqueles bem imundos. Separe os que soltam fiapos (toalhas felpudas, roupas de chenile, tapetes) daqueles em que os fiapos grudam (tecidos de veludo, meias).

2. Esvazie todos os bolsos antes de lavar as roupas. Vire do avesso tecidos tricotados para evitar saliências e deforma-

ções. Feche os zíperes e abotoe os botões para que não enrosquem em nada.

3. Use a quantidade de sabão recomendada pelo fabricante. Dissolva sabão em pó ou líquido e aditivos *antes* de colocar as roupas na máquina de lavar.

4. Para minimizar os vincos, use amaciante de tecidos, e utilize apenas um terço ou a metade da capacidade da secadora. Reduza o tempo de passar a ferro, secando as roupas sem torcer e tirando-as da secadora imediatamente após o término do ciclo. Seque roupas de algodão ao ar livre, em cabides de plástico, alisando-as com as mãos.

5. Limpe o filtro da máquina depois de cada lavagem. Os materiais acumulados podem iniciar um incêndio. Nunca coloque na secadora roupas que entraram em contato com inflamáveis, como gasolina, tinta ou óleo de máquinas. Os gases podem se inflamar.

6. Cuidado com o alvejante. Use-o apenas em roupas brancas e que não mancham; leia sempre as etiquetas dos tecidos e do alvejante. Nunca aplique alvejante não-diluído diretamente nos tecidos. Se estiver usando máquina de lavar, acrescente o alvejante à base de cloro manualmente ou pelo reservatório de alvejante – se a máquina tiver um –, depois que o ciclo de lavagem tiver começado. Se estiver lavando à mão, acrescente-o na roupa suja, na água do enxágüe ou em ambos. Nunca utilize alvejante e amoníaco na mesma lavagem. A combinação pode criar gases perigosos.

7. Se na etiqueta de uma peça de roupa estiver escrito "Lavar somente a seco", leve-a a uma lavanderia. Teste a liberação de tinta de todas as peças com etiqueta "Lavar a seco" antes de lavar à mão. Coloque a ponta de uma costura interna ou bainha em uma toalha de papel, depois molhe um cotonete com água fria e o pressione firmemente no

tecido. Se não vazar nenhuma cor para a toalha de papel, você não precisa lavar a seco essa peça de roupa.

8. Passe todas as roupas de uma vez; evite fazer várias viagens para armar a tábua e esquentar o ferro. Passar roupa não precisa ser um trabalho longo e tedioso. Pode ser uma ótima tarefa enquanto você assiste à televisão.

9. Passe ao longo da costura do tecido. Passadas circulares ou diagonais podem esticar o tecido. Nunca passe roupas de seda do lado certo. Evite brilhos em lãs e cores escuras, passando o ferro com a roupa do avesso ou cobrindo-o com um pano. Se identificar uma mancha, não passe a peça. O calor tornará a mancha permanente.

10. Use o vapor a seu favor: pendure uma saia ou camisa amarrotada no banheiro enquanto toma banho. Os vincos podem desaparecer, ou pelo menos o tecido estará bem melhor para passar.

DICA RÁPIDA

Diga a seu filho que se a pilha se acumular muito ou se ele voltar de uma viagem cheio de roupas sujas é melhor ir a uma lavanderia e lavar tudo de uma vez – algumas cobram por quilo de roupa.

ARRUMANDO A CASA

Muitos jovens adultos terão como primeiro lar longe da casa dos pais uma casa, um apartamento ou um quarto alugado com amigos da faculdade. E, na maioria das vezes, eles precisam de orientação sobre como arrumar a casa para uma vida mais fácil e funcional. Mesmo um filho mais velho pode não estar ciente de tudo o que é necessário para uma casa bem abastecida. E, sabemos, é muito desagradável ter de lidar com uma dor de barriga no meio da noite, sem nada em casa para tomar, cortar queijo com uma faca de manteiga, ou enxugar um grande vazamento com papel higiênico. Para se certificar de que seu filho está pronto para situações de emergência e do dia-a-dia, oriente-o, usando a seguinte lista de checagem:

Para o banheiro

Analgésicos para dores e febres

Fita adesiva (para uso com gaze)

Purificador de ar

Antiácidos

Pomadas antibióticas para cortes, arranhões e queimaduras

Medicação para diarréia

Comprimidos para gripes, alergias e coceiras

Aspirina (apenas se seu filho tiver mais de 20 anos; seu uso tem sido associado com a síndrome de Reye)

Ataduras de vários tamanhos

Sabonete

Tapete de banheiro

Secador de cabelo/ferro de frisar

Produtos de limpeza para o chuveiro, pia, privada e chão

Bolas de algodão e cotonetes para aplicação de medicamentos

Descongestionantes/xaropes contra tosse (supressores e expectorantes)

Colírios (tenha um frasco cheio para eliminar produtos químicos ou sujeira dos olhos)

Manual de primeiros socorros

Limpa-vidros

Almofada elétrica ou bolsa de água quente

Bálsamo de hidrocortisona para sarnas e outras irritações de pele

Água oxigenada para limpar feridas e desinfetar pequenos cortes

Bolsa de gelo

Pomada para dores musculares e inchaços

Batom protetor para lábios

Loção para pele seca

Cortador de unhas

Desentupidor

Giletes

Álcool anti-séptico para desinfetar

Tesouras

Xampu/condicionador

Cortina de chuveiro

Esponjas

Compressas de gaze esterilizadas e rolos de gaze para curativos

Protetor solar

Termômetro

Pastilhas para garganta

Escova para o vaso

Papel higiênico

Pasta de dente/escova/fio dental

Pinças

Para a Cozinha

Fôrmas redondas e retangulares. Considere a opção antiaderente, caso escolha metal. Se preferir vidro, compre o tipo *do-forno-direto-para-o-freezer-direto-para-o-microondas* para o máximo de versatilidade. Compre também uma pequena assadeira.

Manteigueira

Fôrmas e recipientes para bolos

Abridor de latas (um abridor portátil com uma empunhadura confortável serve bem. Se preferir um elétrico, tenha o manual de reserva, caso falte a luz e você precise fazer sanduíches de atum para o jantar)

Cafeteira e filtros

Coador (metal ou plástico)

Pote de biscoitos

Livro de receitas para uma pessoa

Tábua de corte (compre o tipo de plástico lavável que pode ser lavado na pia ou colocado na lava-louças)

Escorredor de pratos

Panos de prato (tecido e atoalhados)

Pratos (não se esqueça de xícaras e pratos fundos)

Detergente

Copos de medição para secos e molhados

Papel-alumínio, filme de plástico transparente

Sacos para lixo (você precisará de sacos pequenos para a lixeira da pia e sacos grandes para a de fora)

Ralador

Fôrmas de cubos de gelo

Facas (compre facas boas: pelo menos uma faca de descascar, uma serrilhada e uma de corte)

Colheres de medição (monte um conjunto de colheres de metal; elas são robustas e podem ser colocadas na lava-louças)

Batedeira (procure um modelo pequeno e portátil)

Tigelas para mistura (procure um conjunto de encaixe de várias tigelas)

Limpador de forno

Toalhas de papel

Liquidificador

Prato de bolo

Fôrma de pizza (compre antiaderente)

Esteiras de mesa

Recipientes de plástico para guardar sobras

Espremedor de alho

Pegador de panelas (compre um par de pegadores lisos e uma luva de forno)

Rolo para massas

Luvas de borracha

Saleiro e pimenteiro

Caçarolas (compre uma grande, uma média e uma pequena)

Escovão para esfregar as panelas

Sacos plásticos com sistema próprio de fechamento

Frigideiras (compre um modelo antiaderente de 20 cm para fritar ovos e um de 30 a 35 cm para frituras leves – procure modelos resistentes que distribuam bem o calor e resistam a deformações)

Pequeno cortador de comidas

Descanso de colheres

Chaleira (escolha uma que apite e que não enferruje por dentro)

Relógio de parede

Torradeira ou tostador

Utensílios diversos (compre colheres de madeira, concha de sopa, pegador de salada, pegador de macarrão, espátula de panqueca, espátula de borracha e batedor para claras em neve)

Descascador de vegetais

Para o Armarinho de Emergência

Rádio/despertador a pilha

Velas

Extintor de incêndio

Lanterna portátil

Pilhas novas

Fósforos

Telefone da companhia elétrica para que seu filho possa comunicar quedas de energia

Telefone do síndico para reparos

LIMPEZA DA CASA

Para muitos jovens adultos, tarefas domésticas eram algo que eles não faziam quase nunca – o máximo era uma ajeitada na casa quando os pais estavam para voltar de uma viagem. Agora eles têm de cuidar disso sozinhos. Com todas as novas responsabilidades que estão enfrentando, você lhes fará um favor dando-lhes algumas dicas e atalhos para facilitar a limpeza da casa.

Cozinha

- O primeiro passo para a limpeza da louça deve ser sempre encher a pia com água morna e sabão. Jogue as tigelas e os utensílios na água depois de usá-los. Mergulhe as panelas sujas na água morna e ensaboada enquanto você come. Depois da refeição, a limpeza será muito mais fácil.

- Antes de mexer com comidas que fazem sujeira, cubra a bancada ou a pia com filme plástico ou com o saco de papel de pão da padaria, aberto, para pegar a sujeira. Quando terminar, amasse-o e jogue-o fora.

- Não suje pratos se não precisar. Tempere frango ou bifes em sacos plásticos com fechamento e não em tigelas ou panelas.

- Depois de usar o liquidificador, encha o copo parcialmente com água morna, coloque um pouco de detergente e ligue-o por alguns segundos. Enxágüe e depois vire o copo sobre uma toalha e deixe secar bem.

- Limpe a geladeira toda semana na noite anterior à coleta do lixo.

- Forre as gavetas da geladeira com toalhas de papel para não ter de limpá-las – é só jogar fora a toalha de papel suja e substituir por uma limpa a cada duas semanas, mais ou menos.

- Coloque um pedaço de papel de seda no prato de seu micro-ondas para segurar manchas.

- Mantenha um forro limpo embaixo de seu lixo da cozinha. Quando for hora de esvaziar o lixo, o forro estará prontamente disponível.

Banheiro

- A melhor hora para limpar o banheiro é logo depois de tomar banho, quando o vapor desprendeu a sujeira.

- Limpe sua banheira sem esfregar, enchendo-a com água quente e acrescentando 2 ou 3 copos de alvejante líquido. Deixe a solução descansar por 20 minutos mais ou menos. Esvazie a banheira e enxágüe.

- Tenha uma escova de vaso em um recipiente perto da privada. Dê sempre uma escovada. Trate sua privada com uma dose noturna de vinagre branco, uma vez por semana. Pela manhã, ela estará desinfetada. Apenas dê a descarga.

- Dê uma chance para os produtos trabalharem. Em vez de correr para remover o limpador de azulejos logo depois de aplicá-lo, dê a ele alguns minutos para fazer o que sabe.

- Enrole um pedaço de tecido atoalhado ao redor de uma chave de fenda para limpar os trilhos do boxe. Espirre generosamente limpador multiuso e dê várias passadas com a chave ao longo dos trilhos.

- Antes de varrer o chão do banheiro, passe o aspirador de pó ao redor da banheira, privada e pia secas, para remover fios e cabelos.

- Para remover fungos dos ladrilhos do banheiro, molhe uma bola de algodão com alvejante. Pressione-a na área suja e deixe descansar por alguns minutos.

- De vez em quando, jogue o tapetinho do banheiro na lavadora com duas ou três toalhas de banho.

Armários e Gavetas

- Tire a roupa perto de seu armário e já pendure tudo ou separe a roupa colocando-a no cesto de roupa suja. Resista à tentação de amontoá-la em um móvel do quarto.

- Tenha uma caixa para cabides extras em seu armário do quarto. Quando ela estiver cheia, devolva-os para a lavanderia. Tenha um saco em seu armário para as roupas que precisam ir à lavanderia.

- Tenha um pequeno cesto de lixo em seu quarto para etiquetas, sacos plásticos e lixo dos bolsos e bolsas.

- Use organizadores ou caixas de diferentes tamanhos nas gavetas para armazenar pequenas coisas – grampos e prendedores de cabelo – ou coisas maiores – meias e roupas de baixo.

- Não use as gavetas como "esconderijo de emergência" quando alguém chegar. É muito fácil esquecer que você colocou alguma coisa lá. Use um cesto de roupa suja – será mais fácil tirar e guardar o que escondeu ali mais tarde.

- Tenha apenas uma gaveta de roupas usadas, mas tenha uma. Para mantê-la sob controle, porém, sempre que tiver uns cinco minutos sobrando – quando estiver esperando a água ferver ou a pipoca estourar – esvazie essa gaveta aos poucos.

- Mantenha as gavetas do banheiro limpas e com um forro plástico.

FAZENDO COMPRAS

Para muitos jovens adultos, manter a geladeira e a despensa abastecidas é uma idéia bem nova. A comida parecia surgir magicamente quando eles moravam na casa dos pais. Agora que estão sozinhos, devem aprender a ser seu próprio gênio da lâmpada. Se essa for a primeira vez que estão se virando – ou pelo menos a primeira vez a cargo das compras do mercado –, sugira que façam compras quando o supermercado não estiver cheio e quando estiverem sem pressa.

As seguintes dicas facilitarão o trabalho.

Dicas Rápidas para Compras Inteligentes

1. Evite visitas freqüentes ao supermercado. Você economizará tempo e dinheiro. Crie uma rotina de compras. Tente ir ao supermercado uma vez por semana. Evite filas longas nos caixas, fazendo suas compras longe dos primeiros dias do mês ou aos sábados, depois das 22 horas. Não compre quando estiver com fome ou cansado – é mais difícil tomar decisões econômicas e conscientes nessas situações.

2. Mantenha uma lista de compras permanente em um local à mão. Quando abrir a última garrafa ou pacote de um item, adicione-o à sua lista.

3. Para compras mais saudáveis, passe mais tempo nos corredores de produtos frescos – pães, peixes, carnes, queijos, frutas e legumes. Com exceção de cereais, grãos, massas e algumas comidas congeladas, os corredores centrais contêm em sua maioria comidas processadas ou de baixo teor nutritivo.

4. Não assuma que o maior tamanho é o mais barato. Verifique preços unitários. (Um preço unitário é o custo de uma pequena unidade de medida, como um grama.) Cuidado quando acompanhamentos estiverem em exposição. As batatas fritas podem estar com desconto, mas a salsicha pode estar a peso de ouro. Olhe as prateleiras de cima e de baixo; mercadorias mais caras geralmente são colocadas no nível dos olhos. E não compre produtos de beleza e higiene pessoal em supermercados. A não ser que estejam em liquidação, você normalmente pode comprá-los mais barato em uma farmácia ou perfumaria.

5. Verifique as datas de fabricação e validade. Planeje sempre consumir os alimentos antes que a validade acabe. Nunca leve uma embalagem que esteja amassada, enferrujada ou rasgada.

6. Compre alguns pratos congelados para ter à mão em dias corridos. Até refeições congeladas caras são, geralmente, mais baratas que comidas pedidas por telefone. Experimente produtos sem luxo e com a marca da própria loja. Você pode conseguir a mesma qualidade que os produtos de marca oferecem. Compare os ingredientes listados nos rótulos para determinar a similaridade dos produtos. Produtos de marca e genéricos às vezes são idênticos.

7. Ensaque suas compras de maneira organizada – produtos de limpeza separados dos alimentos. Se um funcionário empacotar suas compras, veja se todas elas foram empacotadas e se todas as sacolas estão no carrinho.

8. Coloque as notas fiscais em um envelope e guarde-os por um mês. Você pode precisar devolver um produto estragado.

9. Compre a carne mais fresca que houver. Hambúrgueres devem ser consumidos um dia ou dois após a compra ou então ser congelados. Faça a carne logo depois de comprá-la ou embale-a em plástico próprio para *freezer* antes de congelá-la. A carne exposta no açougue recebe um tipo de plástico especial apenas para ser exibida; isso permite que ela fique arejada e mantém a cor avermelhada. Tome cuidado, pois um pedaço pequeno de carne de primeira pode sair mais em conta do que outro que requer que você jogue fora o excesso de ossos, cartilagens ou gorduras.

COMPRANDO A PRIMEIRA CASA OU APARTAMENTO

A primeira compra séria é sempre um grande negócio. Como mãe, você pode ser inacreditavelmente útil, aqui. Minha amiga Debbie tem um enteado e uma filha com uma rotina de trabalho que consome muito tempo. Eles queriam comprar uma pequena casa, mas tinham pouquíssimo tempo para sair à caça de uma. Então ligaram para Debbie. Ela ficou honrada: "Eu tirei um dia de folga no trabalho e marquei reuniões com corretores de imóveis. No final do dia já tinha encontrado a casa que imaginei que eles iam gostar. Eles foram vê-la depois do trabalho, adoraram e assinaram o contrato na mesma noite. Posso dizer com sinceridade que eles gostaram muito da minha ajuda, e eu também gostei de ajudar."

Sua experiência de vida nessa área é inestimável, mas nem todos os garotos o perceberão. Caso seus filhos peçam ajuda, faça-o com prazer; se você não fizer dessa maneira, deixe-os tomar a decisão sem a sua participação. A opção é deles, uma vez que são adultos, agora.

Aqui estão alguns passos que você pode sugerir com gentileza e respeito, sem forçar a barra:

1. *Examine a situação.* Uma consideração bem importante é analisar como a localização da casa ou do apartamento afetará cada aspecto da vida do seu filho. A segurança é a prioridade máxima.

2. *Espie a vizinhança.* Não basta olhar pelas janelas. Dê um passeio por alguns quarteirões, conheça o comércio local.

3. *Faça uma visita noturna surpresa.* Qualquer que seja a forma de transporte que seus filhos estejam usando, ela deve funcionar bem à noite. Ele se sentirá seguro à noite para chegar e sair de casa? O ponto de ônibus é bem iluminado? Quem são as pessoas que freqüentam a estação de metrô? Seus filhos têm de andar muito até chegar em casa? Há trânsito, cachorros de vizinhos ou empresas fazendo ruídos? Há figuras suspeitas perto dos locais de estacionamento?

4. *Não fique chocada.* Pergunte sobre os custos das contas de luz. Geralmente as companhias de energia dirão quanto o inquilino anterior usava durante os períodos de pico (inverno e verão). Se você estiver comprando uma casa, examine as contas de luz do último ano.

5. *Gire cada maçaneta.* Teste a pressão da água, assim como todas as demais instalações. As janelas e portas abrem livremente? As trancas funcionam? Você vê algum sinal de chuva, umidade ou rachaduras? Percebe alguma evidência de roedores ou insetos?

6. *Vistorie os serviços.* Pesquise quais serviços o local oferece: lavanderias, agência de correio, farmácias, bancos, supermercados. Esses locais são atraentes?

7. *Examine as facilidades.* Explore quais facilidades estão disponíveis na vizinhança: tipos de comida favorita, lugares para fazer caminhadas, igrejas ou sinagogas, teatros, salões de beleza.

8. *Encontre o pessoal.* Apresente-se para a vizinhança em potencial. Pergunte aos mais amigáveis se gostam do prédio, da vizinhança e da cidade. Se você encontrar muitas caras ranzinzas, cuidado.

9. *Tenha olhos de águia.* Peça para o corretor pesquisar sobre taxas do condomínio, regras de associações de moradores, leis de zoneamento e impostos. Se não ficar satisfeita com as respostas, investigue pessoalmente.

A HISTÓRIA DOS BIGGS E DOS LITTLES: UMA FASCINANTE LIÇÃO TANTO PARA FILHOS COMO PARA PAIS

Uma amiga minha, que ministra o curso de noivos para casais que pretendem se casar na igreja, compartilhou esta história comigo. Os nomes foram alterados.

Dois jovens casais americanos estavam comprando suas primeiras casas. Breno e Kátia Biggs encontraram uma casa do jeito que queriam por 125 mil dólares: três quartos, dois banheiros e duas vagas na garagem. Eles economizaram 10 mil para a entrada e podiam pagar prestações mensais de mil dólares. Então financiaram os outros 115 mil para pagar em 30 anos a uma taxa de 10%.

Marcelo e Lúcia Little também estavam prestes a comprar sua primeira casa. Eles tinham 10 mil dólares para a entrada e podiam pagar prestações mensais de mil dólares, mas decidiram pesquisar e estudar maneiras diferentes para comprar a casa.

Os Littles decidiram comprar uma casa de 70 mil dólares, com dois quartos, um banheiro, sem garagem, mas era bastante graciosa, com um jardinzinho na frente – bem de acordo com as suas necessidades do momento. Eles financiaram os outros 60 mil por 7 anos a 10%.

No final de 7 anos, os Littles venderam a casa pelo valor equivalente ao que haviam pago e compraram uma casa de 125 mil dólares ao lado da casa dos Biggs. Era uma casa muito boa de três quartos, dois banheiros e duas vagas na garagem, bem parecida com a dos Biggs. Eles deram uma entrada de 70 mil e financiaram o restante em 7 anos, também a 10%. As novas prestações ficaram em 913 dólares por mês.

Quatorze anos depois, os Littles haviam pago 160.692 dólares pela casa de 125 mil dólares e agora já tinham seu imóvel quitado. Eles então decidiram colocar 913 por mês em um plano de previdência.

Os Biggs haviam pago 165 mil dólares pela casa de 125 mil, e ainda tinham mais 6 anos de dívida, a mil dólares por mês. Depois de 30 anos, Breno e Kátia fizeram o pagamento final da casa. Eles pagaram 360 mil dólares por uma casa que custava 125 mil.

Os Littles, após 30 anos, já tinham a própria casa e acumularam 353 mil dólares em um plano de previdência.

MUDANÇA

É ao mesmo tempo excitante, estressante, imprevisível, irresistível – mas é realmente factível se você for organizada. Use essas idéias para fazer com que a mudança seja mais eficiente e fácil para todos.

Antes de se mudar, lembre-se dos seguintes detalhes:

- Dê um jeito de transferir suas contas para um novo banco e estabelecer seu crédito. Mude suas contas para o novo endereço.

- Arrume um seguro para a nova casa ou apartamento.

- Converse com seus médicos, dentistas e oftalmologistas para que possam transferir sua ficha para outros profissionais. Certifique-se de que você tenha receitas médicas suficientes, caso tome remédios regularmente, para passar pelo menos uma semana na nova cidade.

- Avise o porteiro do prédio ou seu vizinho sobre a mudança e deixe com ele seu novo endereço, para o caso de receber alguma correspondência importante nos próximos meses.

- Faça etiquetas com o endereço da nova casa. Você pode usá-las para passar o novo endereço para amigos ou para as lojas de sua preferência.

- Verifique o seguro do seu veículo para saber se não precisa fazer algum reajuste de preço para a nova cidade ou Estado para onde está se mudando.

UM CURSO RÁPIDO DE PREVENÇÃO A CRIMES

Não importa quão segura sua vizinhança pareça ser, encoraje seus filhos a dedicarem algum tempo à segurança da casa e do que está dentro dela. Eis como fazer isso:

1. Não alugue uma casa ou apartamento sem trancas nas portas.

2. Tranque todas as portas e janelas todas as noites e sempre que sair de casa. A maioria dos arrombamentos ocorre nessas horas.

3. Certifique-se de que as dobradiças da sua porta estão do lado de dentro. Pinos de dobradiças que estão do lado de fora podem ser facilmente removidos por um ladrão com uma chave de fenda.

4. Evite lugares óbvios para esconder coisas de valor: embaixo dos colchões, no criado-mudo, nas caixas de jóias e nas gavetas.

5. Certifique-se de que as portas têm olho mágico e não deixe de verificá-lo antes de abrir sua casa para um estranho.

6. Se um estranho bater à porta e pedir para falar com você, peça para ele mostrar alguma identificação antes de abrir a porta.

7. Não esconda a chave em lugares comuns: embaixo do capacho, em cima do batente da porta, na caixa de correio, em um pote de flores. Dê uma cópia da chave para um vizinho confiável ou para um parente.

8. "Inspecione" sua casa contra arrombamentos: qual entrada desprotegida você está vendo? Melhor ainda, ligue para especialistas – há muitas firmas de segurança confiáveis que podem dar uma assessoria para você.

9. Não ande com muitas jóias, relógios de valor e dinheiro à mostra em lojas de seu bairro.

10. Reúna-se com alguns vizinhos e crie um programa de Vigilância da Vizinhança. Não deixe de lado as pessoas que moram em apartamentos e condomínios. Elas precisam de vigilância também.

11. Deixe as árvores e os arbustos cortados de forma que seja fácil olhar para o seu vizinho e que não esconda a ação de

um ladrão. No caso de árvores grandes, garanta que a visão esteja livre no segundo andar.

12. Plante árvores com espinhos embaixo das janelas.

13. Se alguém pedir para usar o telefone, faça a chamada para ele em vez de deixar um estranho entrar na sua casa.

Importante! Se você chegar em casa e perceber que ela foi arrombada, deixe o local imediatamente. Ligue para a polícia de um telefone celular ou da casa de um vizinho. Quando a polícia chegar, você pode entrar em casa e verificar o que está faltando.

14. Certifique-se de que o portão da garagem está trancado também.

15. Certifique-se de que as janelas têm travas.

16. Deixe o portão da frente trancado.

17. Não deixe caixas de produtos eletrônicos no lixo depois de uma compra: elas avisam os ladrões sobre suas novas aquisições. Rasgue-as e deixe-as de maneira descaracterizada. Se possível, livre-se delas em um depósito de reciclagem próximo.

18. Fique de olho nas pessoas que arrumam equipamentos e nas faxineiras que estão fazendo serviços na sua casa.

19. Se tiver portas de vidro deslizantes, certifique-se de que você instalou travas de segurança nelas.

20. Não coloque o endereço da sua casa em sua bagagem; em vez disso, use um endereço comercial.

21. Ligue para a polícia se perceber carros ou pessoas suspeitas na vizinhança.

22. Guarde escadas e ferramentas que podem ser usadas para arrombar sua casa.

23. Coloque uma placa "Cuidado com o cachorro", mesmo que você não tenha um.

24. Deixe as cortinas um pouco abertas; uma casa fechada é sinal de casa vazia.

25. Feche as cortinas à noite.

26. Não coloque seu endereço no chaveiro.

ALERTA CONTRA LADRÕES!

Compre um triturador de papel e destrua as informações sobre você. Criminosos costumam ir ao lixo em busca de comprovantes de compras por cartão de crédito, aplicações de crédito pré-aprovadas ou qualquer coisa que tenha o seu nome ou número de telefone.

Tome as seguintes precauções antes de viajar:

27. Peça para alguém de confiança recolher sua correspondência, inclusive folhetos de propaganda, enquanto você estiver fora; não deixe que a caixa de correio denuncie sua ausência.

28. Não se esqueça de cancelar a entrega de jornais e revistas por assinatura.

29. Antes de sair de férias, programe os temporizadores dos televisores, luzes e aparelhos de som. Faça com que eles liguem e desliguem em horários diferentes, como se você estivesse em casa.

30. Deixe um carro na garagem enquanto estiver viajando. Peça para um amigo usar o carro ou movimentá-lo ocasionalmente para parecer que você está em casa.

SEGURANÇA CONTRA FOGO

De acordo com o Conselho Nacional de Segurança, mais de meio milhão de incêndios residenciais ocorre anualmente nos Estados Unidos. A maioria dos incêndios fatais ocorre entre 22h e 6h. A maior parte das mortes se dá por inalação de fumaça, e não propriamente pelas chamas.

Uma coisa é certa: apenas você pode evitar incêndios em casa. Veja como:

- Peça para um técnico trocar as tomadas e interruptores que estão aquecendo quando você os toca.

- Guarde componentes químicos inflamáveis, incluindo botijões de gás, fora de casa ou em gabinetes à prova de fogo.

- Coloque trapos com óleos e solventes em um local seguro para evitar a combustão espontânea. Nunca os jogue fora quando estiverem molhados; pendure-os ou deixe-os secar até que os elementos combustíveis se dissipem. Aí, sim, você pode se livrar deles; consulte as autoridades locais para saber o que é preciso fazer para jogar fora materiais tóxicos. Não os seque nem os jogue perto de materiais que possam inflamar.

- Dê uma atenção especial para as bocas do fogão. Desligue o gás sempre que sair de casa, mesmo que seja por um curto período.

- Estabeleça uma rota de fuga para que você possa sair rapidamente no caso de uma emergência. Treine o uso dessa rota.

- Deixe as portas dos quartos fechadas durante a noite. Isso retardará a propagação de fumaça e de gases, dando tempo para que os detectores de fumaça funcionem.

- Tenha extintores em cada andar da sua casa, além da cozinha e da garagem. Deixe-os sempre carregados e saiba como usá-los.

- Use roupas justas quanto estiver cozinhando. Roupas muito largas podem pegar fogo.

- Deixe a porta do forno fechada e apague o fogo antes de tirar a grelha.
- Sempre use telas de segurança na frente de lareiras.
- Certifique-se de que seu apartamento ou casa tenha pelo menos um alarme em cada andar, alarmes que usem baterias e uma bateria de reserva para detectar tanto a fumaça como o calor, mesmo quando a casa estiver sem energia. Se você não tem alarmes contra incêndio, adquira um. O ideal é haver um detector em cada quarto e corredor.

EMERGÊNCIAS COMUNS E COMO CUIDAR DELAS

Acontece com todo mundo: o inesperado. Lembre suas crianças crescidas de que nem sempre é possível evitar as emergências, mas uma boa preparação e um pouco de prática podem evitar que uma situação ruim se torne ainda pior. Quando o Papai e a Mamãe não puderem vir em resgate, aqui está como seus filhos podem agir:

Fogo de gordura. Nunca jogue água em um fogo de gordura. Se o fogo for pequeno, desligue o bico de gás e abafe as chamas com uma tampa ou toalha úmida. O bicarbonato de sódio também ajudará a reduzir as chamas; então tenha sempre um pote em mãos. Deixe um extintor (químico ou de espuma, nunca de água) guardado na cozinha em local de fácil acesso, e não em armários acima do fogão.

Fogo de eletricidade. Desconecte o aparelho e use um extintor de incêndio (químico ou de espuma, nunca de água) para reduzir as chamas. Ou então abafe o aparelho com um cobertor pesado ou com um tapete. Nunca jogue água em um aparelho em chamas.

Entupimento no vaso sanitário. Gire a válvula de parada em sentido horário até que a água escoe. Retire a água com um balde. Use um desentupidor para abrir o orifício obstruído (coloque vaselina no desentupidor para ajudar a estabilizar sua posição na hora de fazer a drenagem.). Caso o desentupidor não funcione, ligue para algum técnico ou para o síndico do apartamento.

Vazamento de gás. Se sentir um cheiro forte de gás, apague tudo que tiver chamas, bem como cigarros, e abra o maior número de janelas possível. Tire todo mundo de casa imediatamente. Ligue para o síndico do prédio ou para o número do serviço de emergência da companhia de gás, usando o telefone de um vizinho. Corte o fornecimento de gás da casa, desligando a válvula que se encontra no relógio de gás, e verifique a chama-piloto para saber se o gás realmente parou. Caso tenha parado, espere até que o cheiro de gás diminua e religue a chama-piloto. Se não encontrar a origem do cheiro, ligue para o serviço de emergência.

Falta de eletricidade. Verifique se todas as luzes da vizinhança estão apagadas. Se apenas você estiver sem fornecimento, desligue e religue os disjuntores da caixa de força (a caixa de força geralmente fica na despensa, na cozinha ou na garagem.). Desligue e desconecte todos os eletrodomésticos e eletrônicos; eles podem receber uma corrente muito forte quando a energia for restaurada, o que pode causar danos aos fusíveis e circuitos. Ligue os aparelhos e as luzes um de cada vez.

Perda de calor. No caso dos aquecedores a gás, verifique se a chama-piloto está queimando; se não estiver, acenda-a novamente, seguindo as instruções do fabricante. Para os aquecedores elétricos, verifique se há algum fusível queimado ou se houve alguma interrupção de energia. Ligue para o síndico do prédio ou para uma empresa de reparos, se necessário. Feche as portas externas e todas as cortinas, exceto as que permitem que a luz do sol entre diretamente.

Entupimento de pia. Remova a água usando um balde. Encha um grande pote com água e jogue-o na pia de uma vez. Se isso falhar, posicione um desentupidor no ralo da pia e movimente-o três vezes. Repita o procedimento, se necessário. Se perceber que o problema está no sifão, coloque um balde debaixo dele e desparafuse-o. Cuidadosamente, insira um fio ou arame até liberar a obstrução. Se isso também não funcionar, ligue para um encanador.

ESTEJA PREPARADO PARA DESASTRES: QUATRO COISAS QUE SEUS FILHOS DEVEM FAZER

Desastres naturais – enchentes e incêndios – acontecem de repente. Tomar algumas medidas necessárias pode fazer a diferença entre a vida e a morte. Certifique-se de que você está pronto.

- Duas vezes por ano, no dia de ajustar os relógios para o horário de verão voltar para o habitual, aproveite a ocasião e troque as baterias dos detectores de fumaça e veja se os extintores de incêndio e as lanternas estão funcionando bem.
- Faça um inventário de todas as suas posses e deixe uma cópia em um local seguro, longe da sua casa. Leve fotos dos objetos de valor.
- Certifique-se de que você sabe como desligar a água, o gás e a eletricidade nas chaves gerais.
- Deixe os seguintes números de telefones de emergência em mãos para saber para quem ligar em casos de emergência:
  - Serviços de emergência (bombeiros, polícia e ambulância)
  - O dono da casa ou o síndico do prédio
  - O hospital mais próximo
  - Médico, dentista e farmacêutico
  - Centro de controle de envenenamento

- Números de emergência das companhias de gás, eletricidade e água
- Vizinhos
- Parentes próximos
- Táxi
- Veterinário

Preparação de um Plano de Emergência

Siga estes passos:

- Identifique os locais mais seguros da sua casa frente a enchente ou incêndio.
- Pratique saídas de emergência.
- Aprenda os primeiros socorros e a ressuscitação cardiorrespiratória.
- Deixe registros importantes em um recipiente à prova de fogo e água.
- Coloque os números de telefones de emergência perto dos aparelhos telefônicos.

SEGURO

Ensine seus filhos a pensarem no seguro como um plano de proteção contra quaisquer problemas: casa, saúde e carro. É importante gastar um tempo para entender de quantos e quais seguros eles precisam.

Seguro de Casa Própria ou Alugada

Quando seu filho comprar a primeira casa, precisará de um seguro residencial. Se alugar uma casa ou um apartamento, ele é igualmente importante. Para determinar o valor de reembolso do que ele possui, os corretores de seguros recomendam a criação de um inventário – objeto por objeto – de forma que, se algo for roubado, queimado ou alagado, tudo esteja documentado. Inclua todos os itens que ele possui: mobília, eletrônicos e jóias.

Seguro Saúde

Como mãe, você sabe que o seguro-saúde é uma parte necessária da vida de um adulto responsável. Uma doença ou um acidente mais sério – e lembre os seus filhos de que isso acontece quando menos se espera – pode gerar débitos que talvez resultem em financiamentos de anos. Um seguro não é menos necessário do que a alimentação, água e roupas. Use seu poder de persuasão para fazer com que seus filhos tenham um; se eles se opuserem, mostre a realidade: dê-lhes algumas contas que listem o que você pagou e o que foi pago pela companhia de seguros.

Se seu filho tiver sorte, seu empregador oferecerá o seguro saúde, descontando apenas uma pequena parte do salário de cada mês. Caso ele seja um profissional liberal ou trabalhe para uma companhia que não oferece esse benefício, precisará ter o próprio seguro-saúde. Consultar um corretor de confiança é muito útil; esse profissional, de acordo com as necessidades, preferências e poder aquisitivo do segurado, examinará as políticas de diversas companhias de seguros e, junto com seu filho, poderá escolher a melhor opção para começar a cobertura.

Para um filho que quer contratar o próprio seguro, aqui estão algumas dicas:

1. *Determine suas necessidades.*
   - Você apresenta alguma condição médica preexistente?
   - É importante que você continue a consultar médicos já conhecidos que não trabalhem com seguradoras ou é possível escolher a partir de agora médicos e hospitais credenciados pela companhia?

- Você está disposto a fazer um *check-up* antes de contratar o seguro?
- Você consulta regularmente um médico por causa de condições crônicas, como asma, alergias ou lesões causadas por esportes?
- Você precisa de cobertura odontológica?
- Você toma grande quantidade de medicamentos com venda sob prescrição médica?

2. *Compare os planos e os benefícios.* Veja quanto cada companhia paga por:
   - Custos com medicamentos
   - Visitas a médicos e especialistas particulares
   - Exames laboratoriais normalmente sem cobertura
   - Imunizações
   - Cuidados hospitalares e tempo de internação
   - Cirurgias com internações
   - Cirurgias sem internações
   - Se necessário, serviços odontológicos

3. *Cubra suas bases.*
   - Examine diversas companhias e planos. A variação é enorme.
   - Pergunte ao seu corretor todas as suas dúvidas para entender os detalhes da cobertura.
   - Seja honesto sobre condições preexistentes.
   - Revise a cobertura anualmente para garantir que ela está de acordo com as suas necessidades.

- Consulte um corretor de seguros e os sites das empresas de seguros e fale com seus amigos para ver quais tipos de pacotes e preços estão disponíveis.

Seguro de Automóvel

Esse outro item essencial garante que você será capaz de pagar os reparos do seu automóvel ou danos que tenham sido causados por ele. Ajude seu jovem adulto a entender que há diversos tipos de seguros de automóveis:

1. *Colisão.* Se você bater em outro carro ou em alguma coisa, esse item cobre todos os reparos do seu carro, independentemente de quem foi a culpa.

2. *Danos corporais.* Esse item cobre os membros da família e amigos que você permitiu que dirigissem seu carro, caso um acidente machuque alguém.

3. *Proteção pessoal.* Essa política cobre suas despesas médicas se você ou um membro da família ficar machucado em um acidente de trânsito.

4. *Danos físicos abrangentes.* Essa política cobre os reparos necessários em caso de fogo, roubo e outros infortúnios.

5. *Danos de propriedade.* Essa política cuida de direitos e custos legais, caso seu carro colida com a propriedade de alguém. Não cobre reparos em seu veículo.

6. *Motorista sem seguro.* Se um motorista sem seguro bater no seu carro ou se seu carro for acertado por um motorista desconhecido, essa política cobre seus custos médicos e os reparos.

Certifique-se do seguinte:

- Verifique os descontos por bônus, cursos de direção para motoristas, um registro sem acidentes ou por recursos do carro, como antifurtos, *air bags*, freios antitravamento e cintos de segurança automáticos.

- Faça no mínimo três cotações e certifique-se de que as companhias que você cotou possuem boa reputação no mercado.

- Certifique-se de que o corretor de seguros é idôneo e de que a seguradora em que trabalha está devidamente cadastrada nos órgãos fiscalizadores. Denuncie-os se desconfiar de algo ou for enganado por falsas promessas.

- Nunca pague prêmios em dinheiro e faça o cheque nominal à companhia de seguros, não a um indivíduo.

- Sempre receba uma cópia impressa do contrato que você assinou. Leia tudo cuidadosamente para se certificar de que os detalhes estão corretos.

- Entenda claramente quais itens não têm cobertura. Por exemplo: os custos de um carro adicional estão inclusos? Se não, pense em adquirir um seguro adicional para essa despesa.

SEGURO DE VIDA

O seguro de vida é importante tanto para os mais jovens como para os mais velhos. O fato é que todo mundo morre algum dia, e esse seguro ajuda a cobrir tais custos, de forma que seus entes queridos não precisem cuidar disso. Esse seguro também serve como um investimento.

Determinando de Quanto Você Precisa

A regra padrão é fazer um seguro de vida equivalente a 5 e/ou 10 anos do seu salário anual, mas circunstâncias individuais podem variar. Sugira que seus jovens adultos façam a eles mesmos as seguintes questões para avaliar suas necessidades:

- Quanto dinheiro você gasta por ano com moradia?

- Quais são seus custos anuais com comida e roupas?
- Qual é a idade dos seus filhos? Crianças jovens precisam de cuidados por mais anos.
- Quais custos com ensino fundamental e ensino médio ainda estão por vir?
- Quais custos com instrução você ainda espera?
- Você tem outras economias e investimentos para cobrir essas despesas?
- Que quantia é apropriada para ser mantida a salvo para cobrir situações médicas ou emergências?

Como Funciona o Seguro de Vida

Todo seguro de vida é anual, com renovação automática. O segurado pode optar pelo pagamento à vista, em três parcelas ou mensalmente. Como a renovação é automática e a seguradora já envia a nova apólice com o valor fixado, é interessante sempre fazer uma nova cotação nesse período para determinar se o seu seguro está dentro da faixa de preço ideal.

O valor do seguro varia de acordo com a faixa etária, a qual se divide em grupos de 10 em 10 anos até os 60 anos de idade – a partir daí o valor não altera mais até o final da vida.

Ao contratar um seguro de vida, é preciso preencher um formulário com informações médicas, como doenças congênitas e condições preexistentes. Esse é um contrato de boa-fé em que não é preciso exame médico para confirmar as informações; porém, no caso de morte, essas informações serão levadas em conta para determinar o pagamento ou não da cobertura.

As Coberturas

Um seguro de vida cobre a morte natural, a morte acidental, a invalidez por acidente e a invalidez por doença. Para determinar os valores de cada cobertura existem dois tipos de seguro:

- cobertura linear: em que cada evento recebe o mesmo valor de cobertura.
- cobertura personalizada: em que o cliente pode determinar o valor que deseja em cada cobertura.

Seguro de Vida em Grupo

Algumas empresas optam pelo seguro de vida em grupo. Nesse caso, a faixa etária é determinada pela média do grupo; assim, alguns segurados podem estar pagando por uma faixa etária acima da sua, e outros por uma faixa inferior.

Fazendo o Seguro

- Obtenha pelo menos três cotações antes de tomar uma decisão.
- Compare os valores on-line diretamente com as companhias de seguro ou com corretores independentes de seguros.
- Veja se o fato de você ser membro de clubes ou grupos garante um seguro mais barato.
- Determine se a seguradora que você escolheu é financeiramente saudável, consultando um órgão oficial de fiscalização.

É maravilhoso ser jovem, mas é igualmente agradável se tornar maduro e experiente.
— Bernard Baruch

VOCÊ NUNCA DEIXARÁ DE SER MÃE

No início deste capítulo, contei como comecei minha vida de jovem adulta enfrentando desafios domésticos – para falar de forma suave. Muitos anos depois, dou risada com minha agradável e eterna mãe (ela parou de fazer aniversário há alguns anos) sobre como, apesar de tudo, eu me tornei uma completa dona de casa e administradora familiar. Embora mamãe não tenha me ensinado muitas tarefas domésticas enquanto eu era jovem, ela fez algo igualmente útil: ensinou-me muito sobre negócios e sobre as pessoas que freqüentavam sua loja de roupas. E, quando se aposentou, começou a passar dicas sobre como viver a vida e ter um lar melhor. Ainda hoje ela me envia novas receitas, as últimas dicas de como tirar manchas e me encoraja a cuidar de mim mesma. Ela continua sendo minha mãe.

Nunca é tarde para começar a ajudar seus filhos a terem uma vida mais produtiva. Qualquer conhecimento que você passe agora tem o seu valor. E, por causa da sua experiência de vida, você será uma fonte de idéias e instruções para seus filhos, independentemente da idade deles. E essas idéias, compartilhadas com amor e sensibilidade, pavimentarão um caminho de sucesso para seus filhos no mundo.

Palavras Finais

Agora vêm as boas e as más notícias: a tarefa de ser mãe nunca termina. O capricho aumenta juntamente com a responsabilidade dos garotos – eles serão sempre nossos enquanto vivermos. Se essa verdade faz com que se sinta cansada, você não está sozinha; se faz com que se sinta feliz, você também está em boa companhia. O ponto é este: nós aceitamos um dos mais emocionantes desafios e aventuras que a vida pode oferecer. Sua tarefa – da sala de parto à sala de jantar (mais uma vez mobiliada com altas cadeiras e acentos confortáveis) – é criticamente importante. Solte-se, juntamente com seus filhos, e divirta-se com o processo. Mesmo quando você tem de dar adeus à sua filha ou dar as boas-vindas para um neto, cortesia de seu filho, faça sua parte, criando relacionamentos saudáveis e alegres com seus filhos adultos. A família é para ser vivida e é uma das maiores dádivas da vida.

Um abraço carinhoso,
Kathy Peel

Sobre a Autora

Kathy Peel é a fundadora e presidente da Family Manager Inc., uma empresa dedicada a fornecer recursos úteis para fortalecer famílias ocupadas e transformar o lar num bom lugar para se estar. Ela trabalha como Editora Colaboradora da Revista *Family Circle* há dez anos e escreve com freqüência para outras publicações como o *American Profile*. É uma palestrante apreciada, freqüente convidada para programas de televisão e rádio e autora de vários livros, incluindo *The Family Manager's Everyday Survival Guide* e *Be Your Best*.

Índice Remissivo

A Pessoa com Propósito, de Kevin W. McCarthy, 83-84
Afirmar nossos filhos, 150
Afrouxe a vida um pouco, 73-74
Agradável para crianças (casa), 100-102
Álbuns de fotografia, 136
Alerta contra ladrões, 250
Amniocentese, 152
Amor incondicional, 23, 122, 209
Amor, 59-74
    condicional/incondicional, 23, 122, 209
    confiança, 65-66
    importância, 23
    sentindo-se amado, 60-66
Apreciação, 30
Armários e gavetas, 240-241
Armas, 170-171
Arrogância da juventude, 22
Assumindo riscos, 36-38
Atividades que não mudam, 190-195
Autobiografia, 159-160
Autocuidado. *Veja* Gerenciando a própria vida
Autoridade, 41-43
Avaliação emocional, 92

Avaliação espiritual, 93-94
Avaliação física, 91
Avaliação mental, 92-93
Avós, 143-174
    casa à prova de crianças, 164-173
    divórcio, 157-159
    entusiasmo, 173-174
    história da família, 159-165
    instruções, 146-150
    novo neto, 153-155
    prontidão, 151-153
    relacionamentos a distância, 155-157

Básico da casa, 233-242
Brinquedos, 19

Caixa de força, 252-253
Caminho, O (Laurie Beth Jones), 83
Carne, 242-243
Cartões de crédito, 230, 250
Casa à prova de crianças, 164-173
Casamento, idade de, 17
Celebrações, 138
Centro de parto, 152
Chapman, Gary, 60
Cinco Linguagens do Amor, As (Chapman), 60

Clark, Jean Illsley, 203-204
Compras de supermercado, 241-243
Compreensão, 26-28
Compromisso de tempo, 71-72
Comunicação frente a frente, 58
Comunicação
    coisas para não dizer, 25-26
    consertando cercas quebradas, 56-59
    expectativas, 43
    frente a frente, 58
    limpando vias de comunicação bloqueadas, 66-73
    perguntas, 30-33
Conexão, 119-142
    críticas, 132-134
    neutralizando o conflito, 133-134
    promessas, 121-124
    questões delicadas, 131-139
    reunião de família, 139-141
    sedimentando os laços de família, 135-139
    sogros, 124-132
Confiança, 22-23, 65-66
Confissão, 55
Conflito, neutralizando, 133-134
Confrontando o conflito, 53-54
Conselheiro/terapeuta, 114-115, 134
Consertando cercas quebradas, 51-59
    assumir responsabilidade, 53-54
    busca do perdão, 54-56
    comunicação, 56-59
    paciência, 59
    ter a iniciativa, 52-53
Consultora de lactação, 152
Contrato com o filho, 44
Críticas, 132-134
Cuidadosa, não uma reação emocional, 66-67
Culpa, 19

Dança com Lobos, 51
Dando as ordens, 50
Descobrindo o destino do filho, 80-85, 86-88
Desenvolvimento profissional, livros de auto-ajuda, 83-84
Dicas para cuidar da casa, 238-242
    Armários e gavetas, 240-241
    Banheiro, 240
    Cozinha, 239
Diversão, 34, 148-149
Divórcio, 17, 157-159

Emprego temporário, 82
Entupimento
    de pia, 253-254
    no vaso sanitário, 252-253
Entusiasmo, 173-174
Estabilidade emocional, 197-199
Estratégia financeira, 229-230
Estresse, 190-192

Exame pré-natal, 151
Expectativas, 42-43
Experiência de volta ao ninho, 105-118

Fábula (conto de fadas de Grimm), 201, 202
Faculdade, 224-227
Falta de eletricidade (falta luz), 253
Família, 202-203
Festas em casa, 138
Filmes (DVDs), 137
Filosofia financeira, 227-228
Firmeza, 34,045-49, 147-148
Flexibilidade, 34, 149-150
Fogo de gordura, 252
Fogo elétrico, 252
Fotos antigas, 137

Gerenciamento de dinheiro, 232-236
Gerenciamento de incêndios, 177-178
Gerenciando a própria vida, 175-195
    atividades que não mudam, 191-195
    auto-avaliação, 182-184
    avaliar as escolhas, 187-189
    lista do que não fazer, 189-191
    perceber que você não é sobre-humana, 195

por que as mulheres não se importam consigo mesmas, 177-181
tempo para você, 185-187
Gratificação tardia, 18

Hampton, Mark, 96
Hendricks, Howard, 217-218
História da família, 159-164

Jogos de tabuleiro, 137
Justiça, 27, 148-149

Lar, 95-118. *Veja também* Lar da criança
    à prova de crianças, 164-173
    agradável para crianças, 100-102
    ajuda externa, 114-115
    atrativos, 102-104
    atualização, 98-99
    fazendo de sua casa um ímã, 96-102
    limites, 113-115
    privacidade, 113-114
    segurança externa, 171-173
    voltando (com os netos), 114-118
    voltando para, 104-118
Lar da criança. *Veja também* Lar, comprando a primeira casa, 243-246
    mudança, 247
    o básico da casa, 233-239

pequenas emergências, 252-254
preparado para desastres, 254-255
prevenção a crimes, 247-250
segurança contra fogo, 251-252
LDR, 152
LDRp, 152
Legado da família, 203-219
Lembranças da família, 162-163
Limites, 39-41
Lista do que não fazer, 189-191
Livro de gratidão da família, 137
Livro de procura de empregos, 83-84

Máquina amplificadora, 67-68
Medo do fracasso, 73-74
Moderação, 24-26
Momento de apreciação da família, 137-138
Mudando para uma nova casa, 246-247

Negação, 70
Neutralizando o conflito, 133-134
Nicholi, Armand, 208-209

O Tiro Que Não Saiu pela Culatra, 9
Orientações para pais e avós, 34, 146-150

Paciência, 21-22, 58-59
Página *web* da família, 135
Palavras de encorajamento, 29-30
Pense o melhor, 69-71
Perdão, 54-56
Perguntas, relacionamento dependente com o filho, 30-32
Perspectiva, mantendo, 67-68
Plano de nascimento, 152
Plano de preparação de emergência, 255
Planos de emergência, 255
Ponte entre as gerações, 15-35
  apreciação, 30
  compreensão, 26-28
  confiança, 22-23
  moderação, 24-26
  paciência, 21-22
  perguntas, 30-33
  respeito, 28-29
Pontos fortes e fracos, 87-89
Prenda-me Se For Capaz, 206-207
Prevenção a crimes, 247-250
Princípios de orientação, 34
Prioridades financeiras, 228-230
Prioridades, 72-73
Programa profissional de um dia, 81-82
Promessas, 121-124
Prontidão a desastres, 254-255

Qual a Cor do Seu Pára-quedas?, de Richard Bolles, 83-84
Questões delicadas, 131-139

Reajustando/mudando, 212-214
Relacionamentos a distância, 156-157
Relacionamentos. *Veja* Conexão
Repórter da reunião, 140
Respeito, 28-29
Reunião anual da família, 138-141
Reunião de família, 138-141
Rituais de passagem, 38-39
Roupa suja, 231-233

Sacrifício, 175
Saindo de casa, 36-50
    assumindo riscos, 36-38
    autoridade, 41-43
    contrato com o filho, 44
    dando ordens, 50
    expectativas, 43
    limites pessoais, 39-41
    rituais de passagem, 38-39
    situações sérias que ameaçam a vida, 48-49
Satir, Virginia, 36
Segurança contra fogo, 251-252
Segurança externa, 171-173
Seguro de automóvel, 258-260
Seguro de casa, 255-256
Seguro de vida, 259-262
Seguro, 256-262
    automóvel, 258-25
    casa, proprietário/locatário, 255-256
    saúde, 256-258
    vida, 259-262

Síndrome do bumerangue, 105-106
Situações sérias que ameaçam a vida, 48-49
Situações que ameaçam a vida, 48-50
Sogra, 126-130
Sogros, 124-132
Sonhos, 75-94
    auto-avaliação, 91-94
    descobrindo o destino do filho, 79-85, 86-88
    equilibrando sonhos com a realidade, 79-85
    peneirando os detalhes, 89-90
    pontos fortes e fracos, 87-89
    prontidão, 84-86
Sonograma, 152

Tempo para você, 186-187
Teste de aptidão, 83
Teste triplo, 153
Teste vocacional, 83
Tradições familiares, 137-138
Treinamento de relações, 200-201

Valores, 212-216
Vazamento de gás, 253
Verdade, enfrentar, 70-71
Viabilidade econômica, 199-200
Voltando para casa, 105-118

Série PARENTING

Pais Muito Especiais
ISBN 85-89384-24-1
80 páginas
"Pais Muito Especiais" de Milton M. de Assumpção Filho e Natalia C. Mira de Assumpção apresenta 180 sugestões de ações que expressam amor e carinho e podem ser usadas no dia-a-dia. O livro reúne depoimentos e ricas histórias de vida de amigos que abriram seus corações e dividiram com os autores momentos inesquecíveis entre filhos e pais, bem como lembranças da infância. Como não obedecem a nenhuma regra ou ordem, as frases, dispostas aleatoriamente, permitem que o livro seja lido a partir de qualquer página.

Amar sem Mimar
ISBN 85-89384-11-x
256 páginas
Este livro oferece 100 dicas para que os pais, livres de culpa e de maneira prática, possam criar seus filhos, estabelecendo limites com amor e carinho, porém sem mimar ou ser indulgente. Com estilo prático e divertido, a escritora Nancy Samalin compartilha suas 100 melhores dicas para criar filhos maravilhosos com amor incondicional sem ser um pai ou uma mãe que não sai "do pé" deles.

A Resposta é Não
ISBN 85-89384-10-1
256 páginas
Se você tem dificuldade para dizer "não" aos seus filhos, pode contar agora com uma nova ajuda. O livro, de Cynthia Whitham, trata de 26 situações que afetam pais de crianças de 2 a 12 anos.
Neste livro, a autora fornece as ferramentas para os pais que têm dificuldades de dizer "não". Da hora de dormir aos animais de estimação, da maquiagem à música, da lição de casa às roupas de grife, e tudo aquilo que os filhos acham que precisam.

Livro de Referência para a Depressão Infantil
ISBN 85-89384-09-8
280 páginas
Escrito pelo professor dr. Jeffrey A. Miller, este livro mostra como os pais podem diagnosticar os sintomas da depressão infantil e as conseqüências deste problema, como ansiedade e uso de drogas ilegais. A obra também aborda os métodos de tratamento, incluindo psicoterapia, remédios e mudanças de comportamento, além de estratégias para ajudar os pais a lidar com a questão.

Soluções para Noites Sem Choro
ISBN 85-89384-10-1

224 páginas

Desenvolvido pela orientadora educacional Elizabeth Pantley, este livro mostra ser perfeitamente possível acabar com o desespero dos pais que não dormem porque o bebê não pára de chorar. O livro apresenta programa inédito de 10 passos para os pais atingirem a meta de garantir uma boa noite de sono para toda a família. A autora mostra que é possível ajudar o bebê a adormecer e dormir tranqüilamente.

Sinais - A Linguagem do Bebê
ISBN 85-89384-18-7

194 páginas

Você sabia que os bebês sabem muito mais sobre linguagem do que pensamos? E que muito antes de serem capazes de falar, eles podem comunicar-se por meios de sinais e gestos? Os Sinais Infantis são fáceis de aprender e ajudam muito a entender a mente do bebê. Segundo as especialistas, Linda Acredolo e Susan Goodwyn, todos os bebês têm potencial para aprender Sinais Infantis simples e fáceis de lembrar. Com isso, os pais não precisam mais ficar ansiosos, esperando o dia em que seu bebê possa lhes dizer o que sente, precisa e pensa.

Como Educar Crianças de Temperamento Forte
ISBN 85-89384-17-9

280 páginas

Um verdadeiro passo a passo, este livro de Rex Forehand e Nicholas Long é destinado a ajudar pais que têm dificuldade em lidar com os problemas de teimosia, desobediência, irritação e hiperatividade dos filhos que estão sempre exigindo atenção.
O livro inclui, ainda, um capítulo sobre TDAH –Transtorno de Déficit de Atenção / Hiperatividade, conhecido também como DDA – Distúrbio do Déficit de Atenção.

8 Regras Simples para Marcar um Encontro com Sua Filha Adolescente
ISBN 85-89384-21-7

236 páginas

Este livro vai ensinar aos pais de filhas adolescentes, de maneira leve e engraçada, como conversar com sua filha – quando isto parece impossível – mesmo que seja através da porta do quarto dela, como impor uma certa autoridade – mesmo que às vezes não funcione e, ainda, como ter acesso ao banheiro, ao chuveiro e, principalmente, ao telefone de sua casa. Aprenda a sair de frases como "Todo mundo vai, menos eu", "Um minuto depois de fazer 18 anos, vou embora desta casa!"

Filhas são Filhas - Criando filhas confiantes e corajosas
ISBN 85-98384-25-x

292 páginas

Em um texto importante e abrangente, a autora JoAnn Deak identifica e mostra os caminhos para grande parte dos problemas que envolvem a criação e a educação das meninas. *Filhas são Filhas* apresenta um guia compreensível dos vários desafios emocionais e físicos que as garotas de 6 a 16 anos enfrentam no mundo conturbado e mutante de hoje.

Conversando sobre Divórcio
ISBN 85-89384-20-9

202 páginas

Este livro, de Vicki Lansky, não é um livro de conselhos, mas um guia cheio de situações, exemplos, e idéias, com o objetivo de tornar o processo de separação menos doloroso. Dividido em sete capítulos, aborda a decisão de separar-se, questões de dinheiro, problemas legais, guarda dos filhos, como os filhos vão encarar a situação, até quando você se casa de novo.

Eliminando Provocações - Fortalecendo e ajudando seu filho a resolver problemas de provocações, gozações e apelidos ridículos
ISBN 85-89384-28-4

292 páginas

Este livro, de Judy Freedman, foi elaborado com o substrato fornecido por dezessete anos de experiência como coordenadora educacional. Seu programa ensina crianças e pais a efetivamente lidar com o problema da provocação e a desenvolver técnicas de defesa que duram a vida toda.

Cuidando do Bebê até que sua Mulher Chegue em Casa
ISBN 85-89384-23-3

152 páginas

Walter Roark garante que, sempre que a mãe não está em casa, os bebês reagem de maneira estranha, choram, esperneiam, fazem cocô, mudam de cor e espremem-se. Inspirado em sua filha, Meghan, escreveu este livro para ajudar os pais a cuidar adequadamente de seu filho e mantê-lo a salvo até que sua mulher chegue em casa.

Conversando com Meninos
ISBN 85-89384-26-8

266 páginas

O livro, de Mary Polce-Lynch, fornece dados e instruções objetivas de como criar meninos emocionalmente expressivos, competentes, fortes e ao mesmo tempo sensíveis, em uma cultura maluca que teima em transformá-los em pessoas desprovidas de sentimentos.

O Livro da Valorização da Família
ISBN 85-89384-32-2

190 páginas

Este livro, de Linda e Richard Eyre, contém nove "leis naturais" simples, porém poderosas, sobre o cuidado; leis que podem proteger e melhorar as famílias e dar aos filhos um sentimentos de valor e de estima. Elas são os princípios fundamentais por meio dos quais podemos efetivamente cuidar de nossos filhos e transformar nossas casas em lares.

Diários da Anorexia
ISBN 85-89384-33-0
234 páginas
Este livro, de Tara Rio, Linda Rio, com conselhos de Craig Johnson, leva você para dentro do mundo intrigante de transtornos alimentares entre adolescentes. Testemunhe a história real nos diários íntimos que revelam os momentos mais sombrios da família Rio - e as maiores vitórias.

Como Estabelecer Limites
ISBN 85-89384-30-6
278 páginas
Em *Como Estabelecer Limites*, de Elizabeth C. Vinton, os pais podem examinar como devem guiar e dirigir o comportamento de suas crianças e ainda deixar espaço para que elas façam as próprias escolhas e tomem suas decisões. Todos os pais sabem que não são perfeitos, errar é humano. Muitos erros serão cometidos, mas é necessário se ajustar e ser humilde o suficiente para mudar rumos e promover acertos.

Criando Filhos Seguros e Confiantes
ISBN 85-89384-39-X
330 páginas
Este livro, de Robert Brooks e Sam Goldstein, explora não somente por que algumas crianças são capazes de superar obstáculos terríveis enquanto outras se tornam vítimas das experiências e dos ambientes passados, mas também demonstram como a segurança e a confiança podem ser aplicadas a quaisquer práticas de educação para preparar nossos filhos para os desafios do complicado e mutante mundo de hoje.

Guia Prático da Mamãe de Primeira Vez
ISBN: 85-89384-40-3
298 páginas
Debra Gilbert Rosenberg e Mary Susan Miller apresentam neste livro soluções para facilitar a transição para a maternidade, abordando o nascimento e os vínculos afetivos, a volta ao trabalho, a dor na amamentação, o relacionamento com o marido. Você terá respostas para essas dúvidas e muito mais neste excelente guia para a mamãe de primeira viagem.

As Regras da Amizade – Como Ajudar seu Filho a Fazer Amigos
ISBN: 85-89384-43-8
300 páginas
"Ninguém quer brincar comigo" e "Ninguém gosta de mim" são frases que doem quando os filhos dizem ao chegar da escola ou de algum outro lugar. Neste livro, as autoras Natalie Madorsky Elman, Ph.D e Eileen Kennedy-Moore, Ph.D, se baseiam em pesquisas e estudos clínicos para descrever nove protótipos de crianças com problemas de amizade: a Criança Tímida, a Alma Sensível, Vulnerável, Sonhadora, Pequena Adulta, Líder e assim por diante.

A Vida Secreta da Criança com Dislexia
ISBN 85-89384-12-8

232 páginas

Este livro, do psicólogo educacional Robert Frank, que é portador de dislexia, é um manual para os pais identificarem e aprenderem como a criança portadora desse distúrbio de aprendizagem pensa e sente e o que podem fazer para ajudar os filhos a se tornarem adultos bem-sucedidos. Hoje, casado e pai de dois filhos, argumenta que a criança com dislexia muitas vezes é confundida como uma criança pouco inteligente, preguiçosa e que finge não entender.

Pais de Crianças Especiais
ISBN: 85-89384-49-7

216 páginas

Este livro, editado por Donald J. Meyer, é uma corajosa coleção de textos de pais que foram convidados a falar sobre a experiência de ter um filho especial e quanto isso mudou a vida deles. Dezenove pais olharam com introspecção e honestidade para este assunto profundamente emotivo, e ofereceram uma perspectiva raramente ouvida sobre a criação de filhos com necessidades especiais.

Mães Muito Especiais
ISBN 85-89384-41-1

90 páginas

"Mães Muito Especiais", de Milton M. de Assumpção Filho e Natalia C. Mira de Assumpção, apresenta 180 manifestações de carinho e amor para você usar no dia-a-dia. O livro reúne depoimentos e ricas histórias de vida de amigos que abriram seus corações e dividiram com os autores momentos inesquecíveis entre filhos e pais, bem como lembranças da infância. Como não obedecem nenhuma regra ou ordem, as frases, dispostas aleatoriamente, permitem que o livro seja lido a partir de qualquer página.

GRÁFICA PAYM Tel. (011) 4392-3344 · paym@terra.com.br

Visite Nosso Site
www.mbooks.com.br

CADASTRO DO LEITOR

- Vamos informar-lhe sobre nossos lançamentos e atividades
- Favor preencher todos os campos

Nome Completo (não abreviar):

Endereço para Correspondência:

Bairro: Cidade: UF: Cep:

Telefone: Celular: E-mail:

Sexo: F M

Escolaridade:
☐ 1º Grau ☐ 2º Grau ☐ 3º Grau ☐ Pós-Graduação
☐ MBA ☐ Mestrado ☐ Doutorado ☐ Outros (especificar):

Obra: **Relacionamento com Filhos Adultos – Kathy Peel**

Classificação: **Psicologia**

Outras áreas de interesse:

Quantos livros compra por mês?: _____ por ano? _____

Profissão:

Cargo:

Enviar para os faxes: **(11) 3079-8067/(11) 3079-3147**

ou e-mail: **vendas@mbooks.com.br**

Como teve conhecimento do livro?
☐ Jornal / Revista. Qual?
☐ Indicação. Quem?
☐ Internet (especificar *site*):
☐ Mala-Direta:
☐ Visitando livraria. Qual?
☐ Outros (especificar):

M.BOOKS

M. Books do Brasil Editora Ltda.

Av. Brigadeiro Faria Lima, 1993 - 5º andar - Cj 51
01452-001 - São Paulo - SP Telefones: (11) 3168-8242/(11) 3168-9420
Fax: (11) 3079-3147 - E-mail: vendas@mbooks.com.br

cole aqui

———————————— dobre aqui ————————————

CARTA RESPOSTA
NÃO É NECESSÁRIO SELAR

O selo será pago por

M. BOOKS DO BRASIL EDITORA LTDA.

04533-970   São Paulo-SP

———————————— dobre aqui ————————————

End.: ....

Rem.: ....